Henri Delaborde

La Sculpture florentine avant Michel-Ange

Critique

 Le code de la propriété intellectuelle du 1er juillet 1992 interdit en effet expressément la photocopie à usage collectif sans autorisation des ayants droit. Or, cette pratique s'est généralisée dans les établissements d'enseignement supérieur, provoquant une baisse brutale des achats de livres et de revues, au point que la possibilité même pour les auteurs de créer des œuvres nouvelles et de les faire éditer correctement est aujourd'hui menacée. En application de la loi du 11 mars 1957, il est interdit de reproduire intégralement ou partiellement le présent ouvrage, sur quelque support que ce soit, sans autorisation de l'Éditeur ou du Centre Français d'Exploitation du Droit de Copie , 20, rue Grands Augustins, 75006 Paris.

ISBN : 978-1986046480

10 9 8 7 6 5 4 3 2 1

Henri Delaborde

La Sculpture florentine avant Michel-Ange

Critique

Table de Matières

Introduction	6
Section I	9
Section II	27
Notes	49

Introduction

Il y a peu d'années encore, l'histoire de la sculpture en Italie à partir du moyen âge se résumait, pour la plupart d'entre nous, dans les souvenirs de la vie d'un homme et dans les quinze ou vingt chefs-d'œuvre que cette vie nous a légués. Le grand nom de Michel-Ange nous apparaissait comme celui d'un messie de l'art et d'un messie sans précurseurs. De même que, vers la fin du dernier siècle, le statuaire Falconet ne reconnaissait aux peintres et aux sculpteurs, « dans le temps du berceau de l'art italien, qu'un droit égal au talent de mal composer, » un écrivain de nos jours qui se croyait pourtant bien affranchi de la routine, Henri Beyle, ne faisait qu'obéir au préjugé commun lorsqu'il prenait si fort en pitié « cet air de maigreur et de malheur qui nous poursuit dans les premiers siècles de l'école florentine. » Il est vrai que, quelques pages plus loin, ce même Beyle, dupe cette fois des enthousiasmes de son temps comme il en partageait les préventions tout à l'heure, transforme sans marchander Canova en un émule de Michel-Ange. « Qui se présentera pour décider entre le *Pâris* de Canova et le *Moïse* de Michel-Ange ? » s'écrie-t-il à propos de ces a ouvrages divins ! » Bien malavisé, dirions-nous à notre tour, celui qui hésiterait en pareil cas. Autant vaudrait, dans un autre ordre d'art, attribuer les mêmes beautés, la même puissance, à une symphonie de Beethoven et à une cavatine de Bellini, ou, dans l'ordre littéraire, promener une admiration imperturbable du *Cid* de Corneille au *Tancrède* de Voltaire, voire à l'*Aristomène* de Marmontel ! Mais laissons là ces méprises ou ces paradoxes sans influence actuelle sur l'opinion. L'essentiel est bien moins de signaler les erreurs commises que d'appeler la lumière sur les vérités que nous avons commencé d'entrevoir. Cherchons donc à poursuivre nos récents progrès en ce sens, et, sans essayer d'attenter à la gloire du plus grand sculpteur de la renaissance, tâchons de n'être ni ingrats ni injustes envers ceux qui l'ont précédé.

Michel-Ange d'ailleurs n'est-il pas tout naturellement un génie hors de cause, un de ces initiateurs souverains dont il serait aussi superflu d'entreprendre le panégyrique que de prétendre critiquer les défauts ? Comme Dante, comme Shakespeare, il s'impose à l'admiration tout entier. Il est parce qu'il est grand par l'excès de ses audaces aussi bien que par sa science prodigieuse et par l'intraitable vigueur de sa pensée, défiant à la fois l'éloge et le blâme, les procédés d'examen ordinaires et jusqu'aux moindres essais d'analyse, forçant enfin ceux qu'auront pu déconcerter d'abord ses bizarreries ou ses violences à se soumettre et à se laisser entraîner sans rien discuter de la domination qu'ils subissent, sans s'étonner même de la subir. Est-ce une raison néanmoins pour répudier toute autorité, toute action, en dehors de cette glorieuse tyrannie ? Un livre récemment publié en Angleterre a le mérite de rappeler notre attention sur les prédécesseurs de Michel-Ange et de nous retracer l'histoire de la sculpture italienne avant la dernière phase de la renaissance, sans incertitude quant aux renseignements biographiques, sans lacune dans la nomenclature des œuvres. Peut-être la méthode d'exposition adoptée ici réduit-elle un peu trop, au profit de la chronologie et de l'érudition pure, la part des aperçus critiques ; peut-être, en face d'un pareil sujet, le vieux précepte, *scribitur ad narrandum, non ad probandum*, s'imposait-il moins qu'ailleurs comme un devoir unique pour l'historien. Nous aurions donc souhaité que, sans renoncer à son rôle de narrateur, l'auteur des *Tuscan Sculptors* se fût moins habituellement interdit les considérations générales et les développements d'où pouvait résulter pour nous, à côté de la notion des faits, la démonstration de quelque vérité esthétique, la solution de quelque question de doctrine ou de foi. Quoi qu'il en soit, en consacrant la plus grande partie de son ouvrage à la description des monuments de la sculpture toscane au XIII siècle et pendant les deux siècles suivants, en nous donnant des informations détaillées sur des maîtres dont les noms étaient à peine connus de beaucoup d'entre nous et les travaux oubliés ou ignorés plus généralement encore, M. Charles Perkins a rendu à la mémoire de ces nobles talents un hommage bien mérité, et à quiconque veut étudier de près l'histoire de l'art un véritable service. Il a mené à bonne fin une entreprise que jusqu'à présent on n'avait pas abordée ailleurs qu'en Italie, et qu'en Italie même on n'avait à diverses époques tentée qu'incomplètement.

Les écrivains italiens en effets qui nous ont, laissé tant de précieux documents sur les écoles de peinture et sur les peintres de leur pays, se sont contentés, en ce qui regarde la sculpture nationale, de nous transmettre quelques indications succinctes, fournies le plus souvent à titre de simples commentaires des œuvres ou des progrès accomplis avec le pinceau. Au commencement de notre siècle, il est vrai, Cicognara publiait sa volumineuse *Histoire de la Sculpture*, et dans ce livre, consacré à l'examen des talents qui se sont produits en Europe depuis l'époque de Nicolas de Pise jusqu'à celle de Canova, il fallait bien que les sculpteurs, *trecentisti* et *quattrocentisti* [1] eussent leur place. Aussi en occupent-ils une, mais une place relativement restreinte, sans proportion avec le vaste espace réservé aux maîtres des derniers temps de la renaissance et même avec celui où se prélassent Canova et ses contemporains.

En France, sauf quelques fragments de l'ouvrage de d'Agincourt, l'*Histoire de l'Art par les monuments*, nulle tentative sérieuse jusqu'ici pour s'enquérir et pour nous informer des phases que la sculpture a traversées de l'autre côté des monts. Quoi de plus naturel au surplus ? Le silence de nos écrivains sur ce point ne s'explique-t-il pas de reste par celui qu'ils gardent en face d'autres faits qui réclameraient leur attention plus impérieusement encore ? Ce n'est pas lorsque notre école de sculpture, — et quelle école ! sans rivale dans les temps modernes pour la fécondité soutenue et la longévité, — ce n'est pas lorsque tant de maîtres et tant de travaux admirables attendent encore leur historien dans le pays qui les a vus naître, qu'il y aurait lieu d'accuser l'indifférence apparente des érudits français à l'égard de l'art étranger. Qu'ils nous apprennent d'abord à estimer à leur prix nos propres richesses, à vénérer les gloires qui nous appartiennent ; que, depuis les mâles sculptures qui ornent les portails des cathédrales de Chartres, de Reims et de vingt autres églises, jusqu'aux tombeaux ornés, deux siècles plus tard, par le ciseau d'un Michel Colombe, d'un Juste de Tours, d'un Pierre Bontemps ; que, depuis l'*Amiral Chabot*, attribué à Jean Cousin, jusqu'au *Voltaire* de Houdon, ils nous montrent cette suite non interrompue d'œuvres éminentes, inspirées au fond par les mêmes principes, issues des mêmes coutumes, des mêmes instincts du génie national : après quoi il sera temps d'interroger le passé d'autrui et d'enregistrer des souvenirs que l'auteur des *Tuscan Sculptors* pouvait dès à présent recueillir, parce qu'il ne rencontrait dans l'art de son propre pays ni les longues traditions, qui honorent le nôtre, ni les exemples qui l'obligent.

La critique toutefois n'est pas libre de s'ajourner ainsi. Il ne lui appartient pas d'attendre, pour s'exercer sur un sujet, que tel autre sujet ait été préalablement traité, et que les travaux dont elle essaiera de rendre compte se soient succédé dans l'ordre qu'elle aurait voulu : elle se subordonne au fait même de ces travaux, quels qu'en puissent être l'heure et l'objet. Si donc, en ce qui concerne l'histoire de la sculpture française, les thèmes lui manquent encore, si les occasions lui font défaut ; elle n'en doit pas moins s'associer avec empressement et participer, dans la mesure de ses ressources, aux efforts tentés pour combler d'autres vides et pour réparer d'autres oublis.

Section I

Lorsqu'on envisage dans leur ensemble les anciens monuments de la sculpture florentine, — et par ce mot nous entendons, conformément à l'usage, l'art ayant porté ses fruits, non-seulement sur le sol de Florence, mais sur tout le territoire qui devait être un jour la Toscane, — lorsqu'on examine cette série de travaux qu'ouvrent les austères bas-reliefs sculptés par Nicolas de Pise et qui finit avec l'époque où les élèves de Donatello ont peuplé de leurs œuvres charmantes les églises et les monastères, il n'est pas difficile de reconnaître, sous la diversité des formes, la permanence d'une doctrine unique, la fixité d'un dogme une fois révélé. La foi dans l'infaillibilité des enseignements fournis par les débris de l'art païen, voilà ce que respire chacun de ces travaux ; l'étude scrupuleuse et l'imitation de l'antiquité, telles sont les règles que les talents ; appartenant aux générations successives s'imposent et se transmettent. Certes le mode d'application varie souvent ; les moyens d'expression se renouvellent en raison des changements opérés dans les mœurs ou des progrès dus à l'expérience technique. Il est évident par exemple que, sous le ciseau des sculpteurs florentins, le style acquiert plus de grâce et d'élégance à mesure que l'influence des Médicis humanise et attendrit la vieille civilisation républicaine ; il est certain aussi que, sous le rapport de la correction et de la vraisemblance, la différence est grande entre les rudes images taillées dans le marbre par les maîtres des premiers jours et les figures aux contours si fins, au modelé si délicat, qu'ont signées les derniers continuateurs de la réforme. Les unes et les autres toutefois se rattachent à un même ordre d'inspirations. Elles se ressentent toutes de cette passion pour les exemples anciens qui, autant que la ferveur religieuse, a stimulé l'essor de l'art italien après le moyen âge, et dont le mot consacré, « la renaissance, » exprime très exactement les résultats, puisque le passée incarné en quelque sorte dans le présent, a commencé alors une seconde vie.

Le souvenir pieux de l'antiquité et le désir constant d'en ressusciter les formes, tel est donc le mobile principal, tel est le caractère dominant des entreprises que nous voyons se succéder dans le domaine de, l'art florentin, partir du XIIIe siècle. Suit-il de là que le mouvement se propage partout avec une égale énergie, et que tous les artistes, quels qu'ils soient, rivalisent d'abnégation pour s'assimiler les traditions d'Athènes ou de Rome ? Les faits n'autoriseraient pas, tant s'en faut, une pareille conclusion. Sans parler du caractère absolument personnel de certains travaux, on peut faire cette remarque générale, que la peinture, à Florence, garde dans sa physionomie et dans ses coutumes beaucoup plus d'indépendance que la sculpture. Tout en subissant l'influence du goût régnant, elle semble ne l'accepter qu'avec une secrète défiance au début, plus tard avec un zèle moins timide, mais assez réservé encore. Et si, comme on en recueillait récemment les preuves dans un livre recommandable par la justesse et l'élévation des aperçus [2], un reflet de la lumière antique ne cesse à aucune époque d'éclairer la marche de l'art italien, il faut avouer que, pour les peintres du moins, cette lueur est jusqu'à la seconde moitié du XVe siècle, un guide incertain ou suspect. Les arrière-pensées d'érudition, les aspirations vers le beau classique n'apparaissent guère dans les peintures des premiers temps qu'à l'état d'intentions secondaires, de simples velléités, et cela s'explique. Il s'agissait alors de réhabiliter le naturel, de débarrasser le terrain depuis si longtemps envahi par l'ivraie des conventions byzantines, et l'on conçoit que, pour opérer cette réforme, l'étude du fait immédiat, l'imitation de la réalité familière, aient dû d'abord préoccuper les esprits au détriment du reste. De là ce mélange d'analyse subtile et de naïveté, de finesse exquise et de gaucherie, qui caractérise la manière de la vieille école florentine ; de là aussi, chez la plupart des peintres qui l'ont fondée, la prédominance du sentiment individuel sur l'intention scientifique, et plus tard ces longs tâtonnements avant de réussir, de songer même à s'emparer des grands exemples et à s'en approprier l'esprit.

Il n'en va pas ainsi de la sculpture à cette époque. Ici tous les progrès se décident simultanément ; le renouvellement de l'art, conformément à la méthode et aux traditions antiques, est tenté dès les premiers jours et se combine avec le mouvement qui s'accomplit dans le sens *naturaliste*. Bien avant le temps où la seconde génération des peintres *quattrocentisti* se résout à interroger de près les monuments grecs et romains, bien avant la ligue et les manifestes des néoplatoniciens, amis de Laurent de Médicis, les travaux des sculpteurs toscans procèdent franchement de l'antiquité : ils tendent à en restaurer le culte, à en rajeunir les doctrines, avec une éloquence assurément plus entraînante que ne le sera, dans les deux siècles qui vont suivre, la logique des théoriciens ou la faconde des érudits. Comment expliquer cette révolution subite ? D'où vient que du jour au lendemain la lumière se soit faite, et qu'à la sombre majesté, aux formules barbares du style byzantin, l'expression d'une grandeur sereine et d'une vérité épurée ait succédé sans transition ? C'est la gloire de Nicolas de Pise d'avoir, par la seule clairvoyance de son génie, deviné les moyens d'opérer un pareil prodige, et, le secret une fois trouvé, d'avoir divulgué sa découverte avec un zèle infatigable, avec une autorité d'autant plus sûre que sa foi était au fond mieux réfléchie et sa raison plus fortement convaincue.

On sait que les bas-reliefs d'un sarcophage grec conservé encore aujourd'hui dans le Campo-Santo de Pise suffirent pour révéler à ce grand artiste sa propre vocation et les principes en vertu desquels, il devait entreprendre la régénération de la sculpture. Ce n'est pas que jusqu'au jour où ses regards rencontrèrent pour la première fois ce beau monument au milieu d'autres débris qu'on se proposait d'utiliser pour la décoration extérieure de la cathédrale, alors en construction, Nicolas de Pise n'eût déjà laissé pressentir dans plusieurs ouvrages l'élévation de ses instincts et la correction relative de sa manière. Sculpteur et architecte dès sa jeunesse, il avait à ce double titre fait preuve d'une habileté supérieure à la méthode conventionnelle pratiquée par ses prédécesseurs et par ses contemporains. Sans parler des édifices élevés d'après ses plans à Pise et dans plusieurs autres villes, une *Déposition de croix*, sculptée en ronde-bosse au-dessus d'une des portes de l'église de Saint-Martin à Lucques, accuse chez ce maître des ressources d'imagination et un sentiment de l'ordonnance pittoresque bien différents des procédés grossiers de mise en scène auxquels on avait coutume de recourir en pareil cas. Néanmoins il n'y a là encore que les témoignages d'un talent plus personnel ou, pour mieux dire, d'un bon vouloir plus sincère que le banal savoir-faire commun aux autres œuvres de l'époque. La certitude de la doctrine, les caractères formels de l'innovation et du progrès n'apparaissent dans les travaux de Nicolas de Pise qu'à partir du moment où l'occasion s'est présentée pour lui de contempler un spécimen achevé de l'art antique. Et qu'on ne relègue pas ce fait d'une conversion instantanée, de ce brusque coup de la grâce pour ainsi dire, parmi les anecdotes suspectes ou les légendes dont on a si souvent surchargé les biographies des artistes célèbres. Mieux encore que le récit de Vasari, une œuvre de la main même du maître, la chaire du baptistère de Pise, achevée en 1260, nous raconte l'influence subie et en consacre le souvenir, puisqu'un des bas-reliefs de cette chaire offre, dans plusieurs parties, une imitation presque littérale des figures groupées le long du sarcophage que possède le Campo-Santo.

Il serait facile au surplus de multiplier les preuves de cet empressement à s'approprier les exemples antiques et de noter les emprunts faits à l'art grec ou romain par Nicolas de Pise à mesure que ses voyages ou ses recherches lui procuraient de nouvelles occasions d'étude et un surcroît d'informations. Trois ouvrages principaux, trois chefs-d'œuvre pour le temps d'érudition et de goût, — cette chaire du baptistère de Pise, la, chaire de la cathédrale de Sienne et l'*arca* ou châsse de saint Dominique à Bologne, — fourniraient à cet égard bon nombre de témoignages. Ici, l'on reconnaîtrait les fragments à peine modifiés de certains monuments qui ornent aujourd'hui le musée Pio-Clémentin, au Vatican, là une figure d'esclave faisant partie de la collection du Capitole revit presque trait pour trait dans une des compositions consacrées à la gloire de saint Dominique, tandis qu'une autre figure, — celle d'un *Bacchus barbu*, sculpté sur un vase grec au Campo-Santo, — est devenue le modèle d'un des personnages qui environnent la sainte, famille dans un bas-relief représentant *la Circoncision*. Est-ce donc que le mérite de Nicolas de Pise consiste tout entier dans cette aptitude à faire son bien des découvertes d'autrui et à combiner, suivant les exigences de chaque tâche, les matériaux fournis par l'art ancien ? La méprise nous semblerait grande de n'attribuer, à un pareil homme que l'habileté modeste ou la stérile fécondité d'un copiste. Si son rôle d'imitateur est manifeste, encore faut-il s'entendre, en ce qui le concerne, sur la portée de ce rôle et sur les caractères de l'imitation.

Depuis que les monuments antiques sont devenus pour tous les artistes, mais plus particulièrement pour les sculpteurs, les termes sacramentels du beau, les exemplaires par excellence des intentions et des formes qu'il appartient à l'art de traduire, l'étude de ces incomparables chefs-d'œuvre a eu quelquefois ce résultat, d'immobiliser, de compromettre au moins les progrès qu'elle paraissait devoir stimuler. A force d'admirer la majesté des apparences, on s'est laissé aller à ne plus tenir compte que de ces dehors, à contrefaire inutilement des modèles dont il eût été si profitable de s'inspirer ; au lieu de demeurer pour l'imagination une source d'enseignements et de conseils, l'antique n'a plus guère été qu'une occasion d'exercice pour la mémoire, une sorte de dictionnaire où chacun est venu prendre non-seulement des mots, mais des phrases toutes faites, afin de suppléer à des idées absentes ou à l'insuffisance du sentiment. De là, dans les temps modernes et au milieu de la civilisation chrétienne, ces éternels anachronismes et ces banalités mythologiques ; de là tant d'images muettes pour l'esprit et tout aussi dépourvues d'intérêt pour les yeux, tant d'*Apollons*, de *Mercures* ou de *Faunes* sans signification actuelle, sans emploi nécessaire, sans raison d'être, après les types consacrés qu'ils réussissent tout au plus à reproduire et que le plus souvent ils parodient. Objectera-t-on qu'accuser ainsi certains torts d'habitude, c'est en réalité faire le procès à l'art lui-même et méconnaître les lois qui le régissent, les conditions essentielles qui lui sont imposées ? Sans doute, je le sais comme tout le monde, la sculpture n'existe pas en dehors du beau et par conséquent en dehors des grands principes que le génie antique a mieux qu'aucun autre définis et proclamés ; sans doute la forme nue est pour le ciseau un moyen d'expression principal. Est-ce une raison pour s'exempter du moindre effort d'invention ? Le domaine de la statuaire appartient-il aux hôtes du vieil Olympe attitré de fief-lige ou de propriété inaliénable ? Ne saurait-on modeler d'autres corps que des corps nourris d'ambroisie, agencer d'autres lignes que des contours prévus, traditionnels, ultra-classiques ? Qu'on demande à l'antiquité le secret de rendre noblement le vrai et de concilier avec la soumission au fait le respect de l'idéal, rien de mieux sans contredit : il n'y aura là ni arrière-pensée de rivalité vaine, ni mensonge esthétique vis-à-vis de soi, ni fausse interprétation du passé ; mais rentrer de gaité de cœur en lutte avec la perfection absolue, se remettre en quête de ce qui a été trouvé une fois pour toutes, répéter, au risque d'en amoindrir le sens, ce que d'autres ont pleinement exprimé, — la malencontreuse ambition et l'oiseuse besogne ! De deux choses l'une en effet, pour peu qu'on se mette en tête de recommencer de pareils ouvrages : ou l'artiste, découragé par l'excellence des formes qu'il aura entrepris de transcrire, se dégoûtera bientôt d'une tâche qui lui interdit à la fois l'espoir de surpasser, d'égaler même ses modèles dans l'ordre d'art qu'ils représentent, et le droit d'en modifier l'aspect, sous peine d'en dénaturer l'esprit, ou bien, s'il est à court d'idées, de visées propres, il s'accommodera d'autant mieux de son impuissance qu'il l'aura mise à peu de frais sous le couvert de l'abnégation volontaire, et qu'en feignant de se dévouer à la défense d'un principe, il se sera simplement réfugié dans la pratique d'un procédé. Sans répudier l'étude de l'antiquité, — encore une fois, autant vaudrait abolir l'art lui-même, — le moment ne serait-il pas venu de s'appliquer à mieux observer la limite qui sépare de la manie de copie servile l'esprit judicieux d'imitation ? N'est-il pas opportun, n'est-il pas nécessaire d'apprendre à discerner entre les justes raisons de progrès et les prétextes qui ne feraient que légitimer la routine, à interroger enfin les chefs-d'œuvre de la statuaire antique comme on consulte Virgile, non pour lui emprunter sa langue et pour parler en vers latins, mais afin de renouveler en soi quelque chose de ses émotions et de donner aux idées du temps où l'on vit la forme d'expression la plus pure ?

Il semble qu'en s'appuyant, pour installer sa réforme, sur le principe de l'imitation, Nicolas de Pise ait pressenti l'abus qu'on en pourrait faire, qu'il ait voulu protester d'avance contre les entreprises où le zèle archaïque nuirait à la recherche du vrai, à la bonne foi. Ses travaux en effet, si directement inspirés qu'ils soient par les exemples de l'art antique, procèdent aussi d'un grand fonds de sincérité. Tout y accuse la volonté de se rapprocher de certains modèles, mais ces modèles ont pris sous la main de l'artiste, ou plutôt sous l'influence de son propre sentiment, une physionomie imprévue, une signification morale en rapport avec le nouveau rôle qui leur est attribué, en sorte que là même où Nicolas de Pise s'empare le plus ouvertement d'une donnée antique, il commet bien moins un plagiat qu'il ne prélève une dîme conforme à son droit et en tout cas profitable à son talent. Est-il besoin d'insister sur la légitimité de ces coutumes et de justifier en détail des emprunts que les plus grands parmi les grands maîtres ont de tout temps pratiqués ? Depuis Raphaël, dont le pinceau n'hésitait pas à reproduire dans le tableau des *Trois Grâces* le groupe en marbre de *la Libreria* de Sienne, jusqu'à notre Poussin, qui trouvait dans un bas-relief représentant la *Mort de Méléagre* l'ordonnance de sa composition sur *l'Extrême-Onction*, le nombre est infini des artistes auxquels on pourrait reprocher de pareils larcins, si l'indépendance de la manière et la loyauté des intentions n'excluaient de reste chez eux tout soupçon de tromperie ou d'indigence personnelle. Pourvu qu'en s'aidant des enseignements du passé on ne convertisse ni ce juste moyen de secours en exaction, ni ces leçons en pures recettes, on a bien le droit, on a le devoir de disposer de ressources qui sont pour tous les esprits de haute race un patrimoine commun. Le premier parmi les artistes italiens ; Nicolas de Pise à su opérer cette conciliation entre l'étude approfondie des chefs d'œuvre et le respect de l'inspiration personnelle. Personne avant lui ne s'était avisé de consulter l'art antique ailleurs que dans les traductions mensongères données par l'école dégénérée des Byzantins [3]. De son temps et après lui, tous s'approchèrent à l'envi des sources qu'il avait retrouvées ; tous vinrent y puiser le goût, la science, la certitude du beau, mais sans rien laisser au fond de leurs qualités naturelles. Les œuvres des sculpteurs directement instruits, par Nicolas de Pise témoignent de ce besoin d'indépendance dans l'unité et l'amour de la règle, de cette inquiétude du mieux en face du bien. Veut-on une preuve de la liberté laissée, jusque sous les yeux et dans la famille du chef de l'école, aux disciples qu'on aurait pu croire par cela même le plus facilement asservis, que l'on interroge les ouvrages du second de la race, ces œuvres si neuves, si audacieuses à certains égards, qu'a produites le fils de Nicolas, Jean de Pise. Nous n'avons pas à examiner ici celles qui intéressent la gloire de l'architecte : ne suffit-il pas d'ailleurs de mentionner l'église de *Santa-*

Maria-della-Spina, et surtout le Campo-Santo, pour rappeler à la mémoire de chacun les innovations introduites par Jean de Pise dans l'art qu'un autre élève de son père, Arnolfo di Lapo ou del Cambio, allait bientôt achever de régénérer ? C'est au sculpteur, au sculpteur seulement, qu'il convient de demander compte de ses actes et des efforts tentés par lui pour soutenir la réputation du nom qu'il portait.

Un des monuments qui caractérisent le mieux la manière propre à Jean de Pise et cette espèce de soumission fougueuse avec laquelle il continue et dément à la fois les exemples paternels est le groupe allégorique dédié à la gloire de Pise, qu'on voit aujourd'hui dans le Campo-Santo. Pise est représentée sous les traits d'une femme debout, allaitant deux enfants, — allusion sans doute à la fertilité du sol ou aux richesses de la république, — tandis qu'à ses pieds quatre autres figures de femmes personnifient, comme autant de principes politiques ou, si l'on veut, de vertus d'état, *la Prudence, la Modération, le Courage et la Justice*. Que du vivant même de l'artiste le respect de ces vertus-là n'ait pas toujours prévalu à Pise dans les conseils et dans les actions, qu'il soit arrivé par exemple aux deux partis, ayant pour chefs le comte Ugolin et l'archevêque Roger, de pratiquer réciproquement assez mal les lois de la modération, ou aux chefs du gouvernement de se montrer médiocrement attentifs à la voix de la prudence le jour où ils engageaient avec la république de Gênes cette terrible lutte qui devait aboutir à la défaite de la Meloria, ⌧ ce sont là des faits trop certains et qui affaiblissent l'opportunité des symboles choisis par le sculpteur. Quoi qu'il en soit, et à n'envisager que les intentions pittoresques, le groupe est hardiment conçu, traité dans chaque partie avec un vif sentiment de la grandeur, avec une énergie un peu âpre, mais dont la rudesse même ajoute quelque chose à la majesté de l'aspect.

Quant à la beauté proprement dite, ici, comme dans la plupart des travaux de Jean de Pise, elle fait presque complètement défaut. Les traits des visages n'expriment plus cette recherche de la régularité, de la sérénité antique que respire chaque tête due au ciseau du chef de l'école ; les formes des corps et des draperies ont pris, au lieu de l'exactitude et de la simplicité premières, une apparence tantôt compliquée jusqu'à la lourdeur, tantôt sommaire jusqu'à l'aridité. Là où Nicolas de Pise se serait obstinément appliqué à embellir le vrai, Jean, hésitant entre les conseils de la réalité et les suggestions de la fantaisie, semble avoir alternativement obéi à ces deux influences contraires. Très remarquable au point de vue de l'invention et de l'ordonnance générale, très neuve, au moment où elle parut, par les caractères de l'inspiration, son œuvre a donc beaucoup moins d'importance et de prix, si l'on n'en considère que les mérites matériels. Comme la chaire de l'église de Saint-André à Pistole, comme le tombeau du pape Benoît XI à Pérouse, comme les autres morceaux de sculpture que Jean de Pise exécuta successivement dans plusieurs villes de l'Italie centrale, le groupe du Campo-Santo annonce un talent robuste, mais enclin à si bien abuser de sa force qu'il la prodigue jusqu'à la violence, une imagination mâle et entreprenante, mais aussi prompte à s'emporter ; on y sent enfin, on y reconnaît un vigoureux tempérament d'artiste plutôt qu'un esprit sévèrement réglé, et les soubresauts de l'audace plutôt que les mouvements continus du courage.

Si l'on rapproche les ouvrages de Jean de Pise de ceux qui ont fait la gloire de son père, nul doute que, dès la seconde phase de la réforme, la sculpture italienne ne paraisse avoir perdu en correction et en beauté plastique ce qu'elle venait de gagner en puissance du côté de l'invention. Jean de Pise néanmoins n'a pas seul la responsabilité de ce double changement. Qu'il ait contribué à le déterminer plus activement qu'aucun de ses condisciples, qu'il ait de bonne heure acquis une réputation à laquelle nul d'entre eux n'arriva, même au bout de longues années, c'est ce que nous apprennent l'examen de ses travaux et les documents historiques. Toutefois, à côté de ces éclaircissements sur son rôle et sur ses succès particuliers, d'autres témoignages subsistent où l'on trouve la preuve des tentatives faites autour de lui pour réviser à certains égards les doctrines du fondateur de l'école, et pour en vivifier l'application dans le sens de l'expression dramatique. Lorsque Araolfo di Lapo sculptait dans l'église de Saint-Dominique à Orvieto le tombeau du cardinal Guillaume de Braye, puis à Rome le tabernacle de Saint-Paul-hors-les-Murs, lorsqu'un des aides de Nicolas dans l'exécution de l'arca de Saint-Dominique à Bologne, le dominicain Guglielmo Agnelli, travaillait pour son propre compte aux bas-reliefs qui ornent aujourd'hui la tribune de la cathédrale de Pise [4], — l'un et l'autre, tout en se rappelant les leçons de leur maître, ne négligeaient rien de ce qui pouvait les approprier aux nouvelles inclinations de l'art et aux besoins nouveaux des esprits. Est-il nécessaire de relever un à un ces indices, de recueillir ces preuves dispersées çà et là ? Un des monuments les plus importants de l'architecture et de la sculpture au moyen âge, la cathédrale d'Orvieto nous montre, après la mort de Nicolas de Pise, ses élèves opérant côte à côte, rivalisant de zèle, de talent, de hardiesse, pour multiplier les mérites de détail au profit de l'ensemble et pour enrichir l'œuvre commune des produits de l'originalité personnelle. Comme les peintures du Campo-Santo de Pise, mais à une époque plus reculée encore dans l'histoire de l'art italien, les bas-reliefs sculptés sur la façade de ce merveilleux édifice permettent de saisir d'un seul coup d'œil la physionomie de toute une école et d'envisager, aussi bien que ses apparences générales, les traits qui en diversifient les caractères et qui en animent l'unité.

La série des quatre-vingts bas-reliefs environ qui décorent la façade de la cathédrale d'Orvieto se développe sur quatre larges piliers s'élevant de chaque côté des trois portails et consacrant les souvenirs des quatre âges bibliques de l'humanité : l'histoire primitive, depuis la Création du monde jusqu'à la Construction de l'arche qui sauvera du déluge Noé et sa famille ; — l'âge prophétique, depuis le Sommeil d'Abraham jusqu'à la Généalogie de Jésus-Christ ; — les scènes de la rédemption, figurées, non plus comme des visions envoyées aux prophètes, mais à titre de faits historiques, dont le dernier est l'Apparition de Jésus-Christ ressuscité à la Madeleine ; — les scènes du jugement universel, enfin, c'est-à-dire depuis la Résurrection des morts jusqu'à Jésus-Christ sur son trône de Justice, la réalisation finale des promesses et des menaces de l'Évangile. Chacun de ces piliers offre au regard une suite d'enroulements et de rinceaux se rattachant symétriquement à une tige plantée au milieu du champ, sorte d'arbre ou de vigne symbolique dont les rameaux encadrent les histoires sacrées, qui vont ainsi, de la base au faîte, s'épanouissant comme autant de fleurs ou se nouant comme autant de fruits, à mesure qu'elles reçoivent de la sève commune la substance intime et la vie.

A qui revient l'honneur d'avoir déterminé ce simple et beau programme ? Parmi tous les sculpteurs enrôlés pour la décoration de l'édifice, quel est celui qu'on pourrait regarder comme le directeur responsable de l'entreprise, par conséquent comme l'inventeur du plan primitif, de l'ordonnance générale ? M. Perkins parle d'un certain Ramo di Paganello, dont le nom figure, accompagné du titre de « chef d'atelier » (*capo loggia*), dans un acte relatif aux sculptures de la cathédrale ; mais il ajoute que le séjour de cet artiste à Orvieto remonte à 1296, c'est-à-dire à une époque où les travaux de construction, commencés à peine depuis six ans [5], étaient trop peu avancés encore pour qu'on s'occupât déjà de sculpter les bas-reliefs de la façade. Il serait assez dur d'ailleurs d'avoir, à saluer le poète de cette épopée chrétienne dans ce Ramo di Parganello, sculpteur habile peut-être, mais certainement fort vilain homme, puisqu'il avait été banni de Sienne, en punition des mauvais traitements, qu'il avait fait subir à sa femme, en attendant l'heure où il la tua. Autant vaudrait découvrir un beau jour qu'Andrea del Castagno, l'assassin du peintre Domenico, son maître, a laissé quelque œuvre comparable, pour la candeur du sentiment, aux tableaux de l'angélique Jean de Fiesole. — Est-ce à Jean de Pise, le plus considérable par ses antécédents, le plus renommé des artistes appelés tout d'abord à Orvieto, que la tâche fut confiée de choisir les sujets, d'en régler l'ordre et la succession, de préparer l'ensemble de la besogne que chacun devait partiellement accomplir ? Cela serait plus vraisemblable, mais cela n'est rien moins que démontré, et, hypothèse pour hypothèse, pourquoi ne pas s'accommoder de celle qui attribuerait à l'architecte de la cathédrale, au Siennois Lorenzo Maitani, le choix et la classification des scènes que représentent ces bas-reliefs ? Certes un pareil homme était de taille à se passer, en matière de théologie, comme en matière d'art, des secours et des idées d'autrui. L'éloquence, si profondément religieuse et si savante, du monument élevé par lui prouve qu'il eût été capable de rencontrer dans le domaine de la sculpture, hiératique les fortes et austères pensées dont ses travaux portent l'empreinte là où les moyens d'expression se réduisaient à la combinaison de lignes et de formes abstraites. D'ailleurs les documents contemporains nous apprennent qu'entouré dès le début, d'une troupe de quarante artistes, — architectes, peintres ou sculpteurs, — Lorenzo Maitani avait institué une sorte de conseil où siégeaient les chefs de chaque corporation, qu'en s'en réservant la présidence il s'était réservé aussi le droit de statuer en dernier ressort sur toutes les questions, de réviser tous les projets, et que, en vertu de l'autorité que lui donnaient ses rares talents, il entendait bien moins recevoir des avis que dicter et faire exécuter des ordres. Quoi de plus naturel dès lors que de supposer une intervention directe de ce « maître des maîtres » dans la composition ou tout au moins dans la disposition logique des bas-reliefs de la façade ? L'admiration due aux sculpteurs qui les ont tirés du marbre n'en serait pas compromise pour cela. Les thèmes une fois donnés, il resterait encore le mérite d'en avoir développé les termes, d'avoir su, dans la représentation de chaque scène, dans l'expression de chaque figure, formuler des intentions si grandioses ou si émouvantes qu'elles inspirèrent souvent d'autres beaux travaux, et que Michel-Ange lui-même, en peignant les voûtes de la chapelle Sixtine, ne dédaigna pas de s'en souvenir.

La grandeur, la force pathétique, telles sont en effet les qualités le plus habituellement remarquables dans les bas-reliefs de la cathédrale d'Orvieto. On y retrouve bien les témoignages de préoccupations analogues à celles qui avaient exercé tant d'influence sur la manière de Nicolas de Pise. Les efforts pour se rapprocher de la beauté antique sont sensibles par exemple dans la plupart des scènes qui nous racontent l'histoire primitive, soit que ces efforts résultent ici de l'obligation imposée au sculpteur de modeler presque toujours des figures nues, soit, — et les apparences nous le feraient croire, — que cette partie du travail ait été le lot d'artistes choisis parmi les plus érudits. Ailleurs encore, dans un des plus nobles bas-reliefs de la suite consacrée à l'Histoire de la rédemption, dans une *Nativité*, le jet de la figure et des draperies de la Vierge, le geste du bras qui soulève le rideau sous lequel est placé le berceau de l'enfant Jésus, tout, — jusqu'à la forme et aux ornements de ce berceau renouvelé des sarcophages, — rappelle les coutumes et la majestueuse sobriété de l'art antique ; mais à côté de ces lignes calmes et connues, en regard de ces savants emprunts, que de lignes et de mouvements imprévus, quelle originalité, quelle hardiesse, lorsque le ciseau fait saillir à nos yeux la dramatique image de la *Résurrection des morts* et les scènes lamentables qui se passent au seuil ou au fond de *l'Enfer* ! Où trouver un tableau plus saisissant et plus sinistre des anxiétés, des angoisses qui tortureront les consciences, coupables à l'heure où chaque mort sortira du tombeau pour comparaître devant le juge qu'on ne trompe pas et pour revivre dans l'éternité de ses arrêts ? Ici des corps frissonnant de terreur essaient de se dérober encore sous la pierre qui recouvrait le sommeil de leurs dépouilles et que soulève maintenant une force implacable ; là, déjà séparés des âmes que le ciel attend, des hommes, — inexprimable douleur ! — se retournent vers ceux qu'ils avaient aimés sur la terre, et dévorent d'un dernier regard, appellent d'un dernier sanglot ces êtres chéris qu'ils n'ont retrouvés un instant que pour les perdre sans retour. Cependant d'autres coupables, marqués du sceau de la condamnation éternelle, ont quitté le pied du trône de Dieu pour le chemin qui conduit au lieu des supplices. Sous le fouet de fange du jugement et sous les griffes des démons, enlacé par des liens inextricables et comme pris au piège des anciennes passions, le cortège désolé se met en marche. Déjà ceux qui forment les premiers rangs pressentent les approches de l'enfer. Ils en devinent, ils en ont aperçu les mystères, ils voudraient reculer devant cette épouvantable vision ; mais il faut marcher, marcher toujours. Bientôt le seuil est franchi, l'abîme à reçu sa proie, et, pour qu'il la garde à jamais, un ange debout, la face tournée vers les damnés, veille à la porte de cette patrie du désespoir, à cette porte fatale au-dessus de laquelle Dante lira un jour avec les yeux du génie les termes de la redoutable sentence.

Ainsi, même avant la grande parole du poète, avant que ces mots, *lasciate ogni speranza*, eussent retenti en Italie et dans le monde, un artiste trouvait pour exprimer la même pensée, pour publier le même arrêt, des formes de langage aussi énergiques et aussi claires. Sans le secours que *la Divine Comédie* devait, un peu plus tard, prêter aux travaux d'Orgagna et de tant d'autres peintres, la sculpture réussissait, dès les premières années du XIVe siècle, à figurer non-seulement les tourments physiques, mais, — entreprise infiniment plus méritoire et plus haute, — les remords et les immortels supplices de l'âme. Elle avait élevé au niveau d'un enseignement ce qui pouvait aisément demeurer, ce qui a été si souvent depuis lors une image matérielle jusqu'à la brutalité ou fantastique jusqu'au ridicule.

Au reste, ce n'était pas la première fois que le ciseau abordait un aussi sombre, un aussi difficile sujet. Déjà, vers la fin du siècle précédent, le chef de l'école, Nicolas de Pise, avait représenté le *Jugement dernier* sur un des bas-reliefs dont la chaire du baptistère de Pise est revêtue et sur un de ceux qui ornent la chaire de la cathédrale de Sienne ; mais, dans les deux ouvrages, l'exiguïté de l'espace ne lui avait pas permis de développer au moyen de scènes successives, de partager pour ainsi dire en plusieurs actes cette effroyable tragédie. Nicolas de Pise s'était contenté d'en mettre le dénouement sous les yeux du spectateur et de transporter tout d'abord celui-ci dans les régions, où les réprouvés, subissent leurs peines. En outre, strictement fidèle, même ici, à son système d'archaïsme, il n'avait pas laissa d'amoindrir un peu la portée dramatique et chrétienne denses, inspirations par l'emploi de certaines formules païennes, par une imitation assez intempestive de certains types. Ainsi, jusque dans la représentation des hôtes de l'enfer, jusque dans la laideur idéale des monstres, le disciple obstiné de l'art antique travaille à faire, revivre des idées d'ordre et de règle ou tout au moins les traditions d'une sorte de difformité classique. Le *Satan* que nous montre le bas-relief de la cathédrale de Sienne n'est guère qu'une reproduction modifiée des figures de Pan et de Silène, comme les malheureux dont il surveille les châtiments semblent se souvenir, au milieu de leurs tortures, des graves attitudes et des nobles lignes prescrites par la statuaire grecque. Dans les sculptures de la cathédrale d'Orvieto au contraire, la terreur des criminels à l'heure du jugement et leurs souffrances quand la justice divine a prononcé, les frémissements de la conscience et de la chair, la désolation des victimes et la rage des bourreaux, s'expriment sans concession, sans équivoque, sans les tempéraments ou les réticences que pouvaient comporter d'autres sujets, mais qui n'auraient fait qu'amoindrir la signification morale de celui-ci. Ajoutons qu'au point de vue de la composition proprement dite nulle turbulence pittoresque en désaccord avec les lois de la sculpture ne vient déconcerter l'harmonie générale et en bouleverser les éléments. Quelles que soient la diversité des gestes, la multiplicité des détails, la complication des lignes, le tout n'en garde pas moins ce caractère monumental, cette unité d'aspect qui parle au regard et l'invite avant même que l'imagination ait eu le temps de s'émouvoir, ou l'esprit d'être persuadé.

Les bas-reliefs de la cathédrale d'Orvieto commandent certes l'admiration ; mais ce qui la mérite aussi, c'est l'intérêt passionné avec lequel les habitants de la ville suivirent, à partir du début, les progrès du travail et en saluèrent l'achèvement ; c'est l'ardeur de leur sympathie pour toutes les entreprises, pour tous les efforts tendant à embellir cette chère église que chacun d'eux rêve sans rivale ; c'est le concours gratuit enfin ; que les plus pauvres eux-mêmes prêtent à ceux qui la construisent ou qui la décorent, en s'attelant aux chariots chargés de pierres ou de marbres, en disposant les matériaux dans le chantier, en portant sur place l'eau et le pain aux travailleurs, de peur que l'œuvre ne souffre chaque jour une interruption un peu longue, et que le moment où tomberont les échafauds ne soit retardé d'autant. En France, nous avons quelque peine à comprendre ces formes de l'esprit patriotique. Le peuple chez nous s'enflamme rarement pour les monuments de l'art de ce zèle auquel il est si prompt lorsqu'il s'agit de ses passions politiques ou de l'honneur armé du pays, Hélas ! il lui est arrivé trop souvent de méconnaître à cet égard ses plus précieux titres, de les anéantir même de ses propres mains, et, pour ne parler que de la sculpture, de se ruer, en des heures honteuses, sur les statues des cathédrales ou sur les tombeaux de Saint-Denis ! Le peuple italien n'a ni ces aveuglements ni ces colères. A toutes les époques, sur tous les points du territoire, il sait estimer à leur prix les bienfaits de l'art ; il sait en vénérer les reliques ou les nouveaux témoignages, et, à mesure qu'un progrès s'accomplit, célébrer, comme une conquête glorieuse pour tous, ce qui ne serait ailleurs qu'un objet de curiosité pour quelques-uns. Qui ne se rappelle cette *Madone* de Cimabue promenée triomphalement d'un bout à l'autre de Florence et laissant, en mémoire des applaudissements et des joies populaires, le nom « d'heureux faubourg » à la rue qui l'avait vue naître ? L'enthousiasme de tout Orvieto à l'aspect des merveilles de la cathédrale atteste une fois de plus cette clairvoyance de l'esprit public en Italie, et si de tels exemples ne suffisaient pas, les hommages rendus quelques années plus tard au sculpteur de la première porte du Baptistère à Florence confirmeraient sur ce point les traditions nationales et en rajeuniraient les souvenirs.

    Quel était donc ce nouveau maître dont les talents occupaient si bien la foule, dont la seigneurie de la république était venue solennellement admirer le chef-d'œuvre, accompagnée, suivant le récit d'un contemporain, Simone della Tosa, des ambassadeurs étrangers et escortée de toutes les corporations ? Il se nommait André de Pise, non que Pise eût été le lieu de sa naissance [6], mais parce qu'il avait reçu, à l'école de Jean, ses premières leçons dans cette ville. Son habileté à couler des modèles en bronze à une époque où les procédés de l'art du fondeur étaient à peine connus et pratiqués lui avait valu l'honneur d'être appelé à Florence pour orner le Baptistère de cette *porte* qui, après vingt ans de travail, était achevée, mise en place, et à laquelle Ghiberti devait, dans le siècle suivant, donner deux pendants plus beaux encore et plus célèbres.

Les innovations que révèle l'œuvre principale d'André de Pise ne consistent pas seulement dans la science, prodigieuse pour le temps, avec laquelle la fonte d'un travail aussi vaste, aussi compliqué, a pu être préparée et conduite. L'ordonnance imprévue de ces bas-reliefs consacres à la vie et à la mort de saint Jean-Baptiste, le mode de composition adopté pour chaque scène, surtout les figures allégoriques personnifiant les *Vertus chrétiennes*, accusent chez l'artiste des tendances très formelles à transporter dans le domaine de la sculpture quelques-uns des résultats, obtenus ailleurs, et, — comme l'auteur des *Tuscan Sculptors* le fait remarquer avec beaucoup de justesse d'imitation de certains moyens d'expression, familiers à la peinture contemporaine. « Ces figures allégoriques, dit H. Perkins, se ressentent de l'influence universellement exercée par Giotto, qui avait enseigné à André de Pise les moyens de mettre à profit les éléments mystiques et spiritualistes de l'art allemands » —ou, plus naturellement peut-être, de l'art propre à Giotto lui-même, — « comme Jean de Pise avait fait intervenir dans ses ouvrages l'élément fantastique et le drame. » Et ce que nous apprend à ce sujet la porte du Baptistère, un autre ouvrage dû à la même main, la série des bas-reliefs qui décorent la base du Campanile de Florence, achève de le démontrer. Ici encore la forme allégorique a été employée, la donnée évangélique, non plus traduite dans son sens historique et littéral, mais commentée, développée dans son esprit, est devenue pour le ciseau une occasion de figurer des préceptes, au lieu de lui imposer seulement la transcription de certains faits. N'est-ce pas ainsi que procédait le pinceau de Giotto lorsqu'il traçait les *Sept sacrements* sur les murs de l'*Incoronata* de Naples, ou que dans les églises de Florence, de Padoue, dans tant d'autres monuments, il entourait les scènes de la passion d'images symboliques qui en résumaient les enseignements et la morale ? En représentant à son tour sur les assises du Campanile, et avec une admirable finesse de sentiment et de style, *les Sept vertus, les Sept œuvres de miséricorde*, d'autres allégories encore, d'autres fictions, André de Pise ouvrait à la sculpture religieuse une voie et des perspectives nouvelles, de même que, sans renoncer dans la pratique à l'imitation traditionnelle de l'antiquité, il réussissait à en assouplir les formes. Il y introduisait une expression de simplicité plus voisine de la grâce, une correction plus facile et plus familière, quelque chose enfin de ces délicatesses exquises dont l'art du XVe siècle allait bientôt divulguer les derniers secrets, et qui devaient, en se dégageant, en se définissant de plus en plus, donner aux œuvres de la sculpture florentine un caractère d'élégance, incomparable et une physionomie achevée.

Étrange contraste toutefois ! à la veille de ce progrès suprême, au moment même où André de Pise a déjà frayé la route aux premiers sectateurs de sa manière et fait pressentir la venue prochaine de Ghiberti et de Donatello, un brusque temps d'arrêt semble tout remettre en question, tout suspendre. Ces principes auxquels l'école fondée par Nicolas de Pise obéissait depuis près d'un siècle et qu'une seconde génération de disciples venait de raffermir en les interprétant, un artiste au génie audacieux et violent entre tous, André Orgagna, les ignore en apparence ou les rejette, et, comme s'il fallait que le démenti publiquement donné par lui empruntât des circonstances domestiques un surcroît de fierté et d'énergie, c'est au sortir de l'atelier d'André de Pise, c'est après avoir fait son apprentissage auprès de ce maître si scrupuleusement informé, que l'impétueux novateur entreprend de rompre avec toute tradition, de répudier les conseils du présent aussi bien que les exemples du passé.

On sait avec quel succès Orgagna pratiqua dans ses peintures à fresque ce système à outrance de liberté et de confiance en soi, avec quelle sauvage puissance il figura, sur les murs du Campo-Santo de Pise, *le Jugement universel* et surtout *le Triomphe de la Mort*, — une des œuvres les plus navrantes, une des moralités pittoresques les plus terribles que la main humaine ait jamais tracées. Sans avoir une originalité aussi farouche, les bas-reliefs et les figures qui ornent le tabernacle d'Or-San-Michele, à Florence, — se distinguent des travaux contemporains du même genre et des travaux antérieurs par l'extrême hardiesse de la pensée, par l'expression d'une émotion immodérée, souvent brutale dans les termes, mais après tout profondément sincère et éloquente à force de franchise. Orgagna d'ailleurs n'eut pas et ne pouvait pas avoir d'imitateurs. Sa manière, si tant est que le mot s'applique à un talent aussi dédaigneux des procédés, sa poétique, absolument personnelle et subordonnée tout entière aux inspirations de son génie, n'était pas de ces secrets qui se transmettent. Aussi l'apparition du sculpteur du tabernacle d'Or-San-Michele, quelque considérable qu'elle soit à titre d'événement isolé, n'a-t-elle dans l'ensemble des progrès et dans l'histoire générale de l'art qu'une signification secondaire. La marche de l'école n'est ni détournée du but, ni même ralentie pour cela, et, s'il n'y a que justice à admirer l'étonnante vigueur des efforts, tentés par Orgagna, encore faut-il reconnaître qu'en face du mouvement dont il prétendait se rendre maître, il n'a fait que lancer une protestation stérile, un défi éclatant, mais sans écho.

De l'examen des talents et des travaux dont nous avons indiqué jusqu'ici la succession, deux faits principaux ressortent, qu'il convient de rappeler ayant de passer outre. C'est d'abord, malgré de notables différences dans l'application, malgré même cet essai de révolte qui commence et qui finit avec Orgagna, la permanence des doctrines implantées par le régénérateur de l'école ; c'est ensuite ce singulier privilège qui appartient à la ville de Pise, et qu'elle garde sans interruption jusqu'aux approches du XVe siècle, de défrayer à peu près seule la sculpture italienne, de la représenter au moins dans ses œuvres les plus importantes et les plus expressives. Sans doute d'autres villes de la Toscane voient naître ou se former des sculpteurs dont les mérites ne sauraient être mis en oubli. Sienne surtout fournit à l'école du XIIIe et du XIVe siècles des disciples assez nombreux pour en augmenter l'activité [7], assez habiles pour être dignes de figurer dans une histoire développée de la sculpture à cette époque, et M. Perkins n'a eu garde de passer sous silence ces artistes diversement recommandables. Toutefois c'est de Pise que viennent les maîtres véritables ; c'est à Pise que la race des sculpteurs d'élite croît et se perpétue avec Nicolas, Jean et André, aux noms desquels il faudrait ajouter celui du fils d'André, Nino, le sculpteur attendri de tant de *madonne col bambino*, de cette douce *Vierge à la rose*, entre autres, que possède l'église de *Santa-Maria-della-Spina*. Il n'en sera plus ainsi désormais.

Florence, qui, à l'exception d'Arnolfo di Lapo, n'a donné jusqu'ici ni à Nicolas lui élève tout à fait éminent, ni à Jean ou à André un rival, Florence va maintenant hériter de Pise ce monopole de l'art et du talent. Quant au reste, quant au fond même des principes, rien ne viendra démentir le passé. Pour avoir changé de théâtre, la pratique des enseignements légués par Nicolas de Pise ne sera ni moins générale ni moins fidèle, et, loin de perdre de son influence, loin de rencontrer nulle part l'indifférence ou le doute, l'étude de l'antiquité, plus pieuse, plus intelligente que jamais, acquerra, sous des formes nouvelles, une autorité plus féconde encore et un crédit mieux assuré.

Section II

Parmi les causes qui ont le plus favorisé l'essor de la sculpture italienne et le plus contribué à ses progrès dans les hautes sphères qu'elle avait abordées dès le début, il faut compter la rigueur des conditions imposées aux tâches successives par les places mêmes, où ces tâches s'accomplissaient, la connexité nécessaire entre chaque œuvre et les lignes destinées d'avance à lui servir d'encadrement. A l'époque de la renaissance en effet, aussi bien que dans l'antiquité, la sculpture n'était que l'auxiliaire et le complément de l'architecture. Loin de se trouver ainsi gêné dans sa fonction ou offensé dans son orgueil, le talent empruntait de cette juste dépendance un surcroît de certitude, parce qu'il agissait non-seulement suivant un programme déterminé, mais avec l'épreuve préalable de la lumière qui éclairerait le travail, de la distance où il apparaîtrait, du point de vue où il serait envisagé. On ignorait encore, et fort heureusement, cet usage tout moderne de modeler une statue ou un groupe sans destination fixe, d'en agencer les lignes ou d'en proportionner les reliefs conformément aux effets donnés par l'atelier, au risque de voir, après l'achèvement, le tout dénaturé, vicié, contredit, par les hasards d'une place de rencontre ou par les injures d'un faux-jour. La bizarrerie même de certaines formes assignées quelquefois, par l'architecture au champ sur lequel le ciseau devait opérer excitait l'esprit d'invention bien plutôt qu'elle n'en contrariait les hardiesses, car, — j'en appelle sur ce point à l'expérience de tous les artistes, — une surface régulièrement circonscrite offre souvent, à l'imagination des secours moins utiles pour l'ordonnance d'une scène que tel autre espace plus étroit, plus capricieusement limité, plus propre par cela même à suggérer des combinaisons imprévues. Il y aura dans les contours inusités de ce champ, dans l'obligation de subordonner les lignes pittoresques tantôt aux vides qu'ils laissent, tantôt aux saillies intérieures qu'ils dessinent, une occasion de calculs facilement ingénieux et comme un préservatif contre toute tentation de composition banale. Les figures, par exemple, des *quatre Évangiles* et des *Docteurs de l'église* sur la première des deux portes que Ghiberti a faites pour le Baptistère de Florence ne doivent-elles pas en partie l'originalité de leurs attitudes et de leur aspect aux formes étranges du cadre qui entoure chacune d'elles, aux demi-cercles et aux angles aigus dont elles : épousent ou contre-balancent tour à tour les développements ?

D'où vient pourtant qu'après avoir ainsi fait ses preuves de clairvoyance et de goût, le maître se soit laissé aller à se démentir lui-même ? Comment à côté de ces *évangélistes* et de ces *docteurs* si judicieusement conçus, si sobrement modelés, des œuvres sorties, de la même main affichent-elles, dans la composition et dans l'exécution des caractères tout opposés ? Avant d'être sculpteur, c'est-à-dire avant d'obtenir, à l'âge de vingt-trois ans et à la suite d'un concours dont les circonstances ont été bien souvent rapportées [8], le grand travail qui devait immortaliser son nom, Ghiberti avait été orfèvre. Cela explique l'habileté particulière avec laquelle tout ce qui se rattache à la décoration proprement dite est traité dans ces deux célèbres portes, dignes, suivant le mot tant de fois cité de Michel-Ange, « d'orner l'entrée du paradis. » Ghiberti d'ailleurs était aussi un peintre, et le souvenir des habitudes qu'il avait contractées à ce titre intervenait assez obstinément pour compliquer ses efforts de certaines recherches inutiles ou de prétentions dangereuses. Proportions relatives des corps à mesure que ceux-ci s'éloignent ou se rapprochent des premiers plans, phénomènes de la perspective dans la représentation d'un monument ou d'un paysage, inégalités du relief en raison de l'atmosphère qui enveloppe plus ou moins les objets, tout ce que son pinceau reproduisait ailleurs à bon droit, il voulait ici le simuler avec l'ébauchoir. Les vingt compartiments de la première porte dans lesquels Ghiberti a représenté les faits principaux de la vie du Sauveur, et notamment ceux qui contiennent, sur la seconde porte, des scènes tirées de l'Ancien Testament, offrent au regard non des bas-reliefs, c'est-à-dire, comme le mot l'indique, un ensemble d'objets à peine détachés du fond et n'ayant qu'une saillie modérée et égale, mais de véritables tableaux en bronze, où certaines parties absolument saillantes forment un contraste d'autant plus tranché avec le demi-relief de certaines autres et la profondeur feinte des derniers plans. Que deviennent alors l'harmonie de l'aspect, les convenances prescrites par la symétrie architectonique, par le goût, par le simple bon sens, qui ne saurait admettre qu'en prétendant figurer un fond de ciel ou de paysage on perce impunément une surface destinée après tout à servir de clôture, ou qu'à force d'en tirer à soi les renflements divers, à force d'en agiter les formes, on lui donne l'irrégularité extérieure d'un bloc de minerai ou l'apparence effarée d'une fourmilière ?

Ghiberti, dit-on, à l'époque où la mort le surprit, méditait Une troisième porte en remplacement de celle qu'André de Pise avait exécutée dans le siècle précédent, et Vasari ajoute qu'il en avait déjà dessiné le modèle. Rien de plus vraisemblable que ce projet. L'œuvre d'André, moins belle à quelques égards, moins riche surtout, mais assurément plus sage, faisait trop bien ressortir les côtés excessifs des deux œuvres de Ghiberti, et l'on comprend que pour achever de donner raison à sa manière, celui-ci ait voulu se débarrasser d'un voisinage qui semblait impliquer en permanence une protestation ou un reproche ; mais c'est trop insister sur la partie erronée des doctrines et des intentions qu'accusent les portes du Baptistère. La science consommée du dessin qui se manifeste jusque dans les moindres détails, une connaissance de la structure anatomique qu'aucun des travaux antérieurs ne révèle avec cette certitude, la noblesse constante et quelquefois la grandeur pathétique des attitudes et des gestes, — voilà de quoi racheter ce que ces ouvrages peuvent avoir de trop pittoresque, d'inconsidéré dans les moyens d'expression, d'inégal et de turbulent dans l'aspect. Si les figures isolées dont nous parlions tout à l'heure nous paraissent préférables aux compositions qu'elles avoisinent parce qu'elles sont plus strictement que celles-ci conformes aux exigences de la sculpture, parce qu'elles ont cette majesté simple et calme que le maître devait ensuite formuler avec plus de précision encore dans la belle statue de *Saint Matthieu* qui orne l'extérieur d'Or-San-Michèle, suit-il de là que le reste n'ait qu'un mérite médiocre, ou que la renommée universelle acquise à l'ensemble du travail soit le résultat d'un préjugé ? On serait mal venu à le prétendre devant les preuves d'un pareil talent : on semblerait plus malavisé, plus téméraire encore, en face d'une opinion qui, a pour elle la garantie de Michel-Ange et le souvenir de ce qu'il a dit.

Il ne faut pas s'exagérer pourtant l'autorité de ces jugements prononcés par quelques grands artistes dans des moments où ils ne se doutaient guère qu'ils parlaient à la postérité et qu'un propos tombé de leurs lèvres, au hasard de la conversation ou pour se venger, séance tenante, d'un contradicteur, demeurerait enregistré dans les livres comme une décision sans appel. La plupart d'entre eux probablement s'y seraient pris à deux fois avant de rendre leurs arrêts, s'ils avaient soupçonné qu'on en garderait si bien la mémoire. Poussin par exemple n'obéissait-il pas à un mouvement de généreuse indignation contre les outrages dont on avait abreuvé le pauvre Dominiquin plutôt qu'à un sentiment d'admiration absolue pour son œuvre le jour où il saluait dans la *Communion de saint Jérôme*« un des trois plus beaux tableaux de Rome ? » Raphaël ne tenait-il pas surtout à se montrer courtois envers Francia lorsqu'il lui écrivait au sujet des *madonne* peintes par l'artiste bolonais : « Je n'en connais pas de plus belles ni de plus dévotement faites ? » A vrai dire, il en connaissait « de plus belles, » à commencer par les siennes ; mais ce n'était pas le cas d'en parler. Et cependant, emportement de sympathie chez l'un, réserve et urbanité chez l'autre, on a pris le tout à la lettre. La tradition s'est emparée des paroles de Poussin pour en faire le gage inaliénable d'une gloire que *le Possédé* de Grotta-Ferrata et les fresques de Saint-Louis-des-Français justifieraient d'ailleurs beaucoup mieux que le *Saint Jérôme*. Et quant au billet de Raphaël, il est devenu, pour un maître à peine de second ordre, une sorte de laisser-passer ou de brevet en vertu duquel on l'a, sans plus d'examen, classé au premier rang. Le mot de Michel-Ange à propos des portes du Baptistère pourrait bien à son tour avoir amené quelque méprise tant sur les mérites intimes de l'œuvre que sur la pensée de celui qui la jugeait. Que Michel-Ange ait voulu louer la richesse d'imagination et la science déployées par Ghiberti à une époque où l'on n'avait vu encore ni une abondance d'idées et de *motifs* décoratifs aussi grande, ni une pratique matérielle aussi sûre, — quoi de plus naturel et de plus juste ? Mais était-il homme à méconnaître ce que le travail avait au fond de contraire aux conditions de la sculpture, aux théories qu'il professait lui-même, et, citation pour citation, laquelle a le plus de signification et de prix, ou de celle qu'on a coutume de faire ou de ce passage d'une lettre due aussi à la main qui aurait voulu transporter dans le ciel les portes de Ghiberti ? « La peinture, écrivait Michel-Ange, est d'autant meilleure qu'elle imite de plus près le relief de la sculpture. En revanche, la sculpture est d'autant plus défectueuse qu'elle s'éloigne moins des conditions de la peinture. » Les bas-reliefs modelés par Ghiberti ont le tort d'exprimer ce rapprochement que condamnait le sculpteur de *Moïse*. On doit y admirer les témoignages d'un double progrès dans le sens d'une étude plus pénétrante de la nature et d'une interprétation plus délicatement savante des modèles antiques : il n'y aura que justice pourtant à y relever une confusion dans les principes, une imprudence au moins dans l'emploi des moyens, très différente de la sage méthode qui s'était perpétuée jusqu'alors, et dont, fort heureusement pour l'art florentin, Donatello et son école allaient, à leur manière, renouer la tradition.

Est-ce donc qu'on ne puisse constater aucune analogie entre les aspirations de Ghiberti et celles de Donatello ? Le besoin de faire acte de sculpteur supprime-t-il si bien chez celui-ci toute préoccupation pittoresque qu'il recherche dans ses ouvrages, à l'exclusion du reste, la gravité solennelle des lignes, la simplicité austère du modelé, l'inflexible majesté de l'aspect ? Non sans doute. Si discret relativement que soit le ciseau du maître, il s'approprie, lui aussi, quelque chose de la tâche et des procédés du pinceau. Par l'ardente curiosité avec laquelle il interroge la nature et en transcrit ; jusqu'aux détails les plus subtils, jusqu'aux vérités d'exception et d'accident, Donatello appartient à la même race que ces peintres contemporains qui réussissaient à trouver les secrets du style dans l'expression strictement vraisemblable des choses. Comme Masaccio, il a le don d'ennoblir, à force de bonne foi, la représentation de la réalité pure, et de racheter par l'audacieuse fidélité des portraits la beauté incorrecte ou irrégulière des modèles. Seulement, et c'est là ce qui le distingue de Ghiberti, il n'oublie pas qu'en empruntant à la peinture certains moyens de préciser la physionomie ou là formé, il ne saurait s'aider des mêmes secours en ce qui concerne l'ordonnance linéaire ou les éléments perspectifs de l'effet. S'agit-il de grouper de nombreuses figures sur les bas-reliefs de la chaire placée à l'extérieur de l'église de Prato, de modeler pour une des niches creusées dans les murs d'Or-San-Michèle, à Florence, cet élégant *Saint George* dont la grâce virile et la fine énergie résument mieux qu'aucune autre statue peut-être les caractères de l'art *quattrocentista*, faut-il enfin, en entamant à peine la pierre, en donnant tout au plus à l'image que le ciseau y dessine la mince saillie d'un camée, tracer quelque profil d'enfant ou de jeune femme, comme le *San Giovannino* des Offices ou comme la *Sainte Cécile* conservée à Paris, dans le cabinet de M. de Vendeuvre [9], — partout Donatello se montre aussi bien en garde contre l'abus des ressources pittoresques que contre l'exagération d'un *purisme* qui aboutirait à la banalité ou à la sécheresse. Il sait, en traduisant la vie dans ce qu'elle a de caractéristique et d'individuel, récuser les témoignages compromettants pour la dignité de l'art, comme il s'affranchit de certaines prohibitions systématiques qui en limiteraient trop étroitement les droits. Il use à la fois, en face du thème à interpréter, de circonlocutions délicates et de termes francs jusqu'à la rudesse ; il invente un mode de traduction complexe où le littéral et le recherché, le tour libre et l'imitation docile se combinent ou se succèdent avec une dextérité, avec une hardiesse incroyables ; mais, sous ces formes mélangées, je ne sais quelle secrète unité subsiste et se fait jour, je ne sais quoi de sincère, de puissant, de décidément inspiré, vient donner raison même aux bizarreries du style, si bien qu'au lieu de laisser celles-ci à part, on les accepte comme le reste, et que, loin d'être tenté d'y voir des fautes, on les admire presque comme des qualités de plus.

Quelquefois, il est vrai, le goût de Donatello pour tout ce qui implique un défi à l'esprit de convention et de routine peut dégénérer, dans la composition, en témérité, ou, dans la pratique, en véritable manie *naturaliste*. Le groupé en bronze placé sous une des arcades de la *Loggia de Lanzi*, à Florence, et représentant *Judith et Holopherne*, a ce tort grave de n'offrir au premier aspect qu'un amas déformes incompréhensibles, tant les lignes intérieures sont emmêlées, tant les contours qui devraient dessiner la silhouette apparaissent tourmentés, interrompus, déchiquetés par la multiplicité des angles saillants et des vides. Une figure en pied de *Saint Jean-Baptiste*, conservée dans la galerie des Offices, et la *Madeleine* qu'on voit dans le Baptistère de Florence ont au contraire des formes si grêles, si maladives, que cette imitation à outrance du réel finit par devenir invraisemblable, et qu'à force de raffinements, de dissertations sur le fait, le ciseau arrive à exprimer ici, non plus la sincérité et la franchise, mais le pédantisme en quelque sorte de la véracité.

A part ces exagérations assez rares pour qu'on ne puisse les signaler que dans un petit nombre d'œuvres appartenant à la jeunesse du maître, la manière de Donatello est originale sans ostentation, élégante sans afféterie, et, quand le sujet l'exige, ferme et calme jusqu'à la majesté héroïque. Pour avoir la preuve de l'habileté avec laquelle Donatello sait se préserver « de l'emphase aussi bien que de la froideur, il suffirait de voir la statue équestre de *Gattamelata* à Padoue, œuvre imposante et en même temps pleine d'animation, œuvre à la fois idéale et historique, qu'il faudrait regarder comme la plus belle en ce genre qu'ait produite l'art florentin, si une autre statue équestre érigée, trente ans plus tard, à Venise par Verocchio, le monument à la mémoire de *Bartolommeo Colleoni*, ne se recommandait par un jet de lignes au moins aussi fier, par une ampleur et une précision dans le modelé à peu près égales, et dans les formes, du cheval par une exactitude anatomique que le monument de Padoue ne présente pas au même degré. Qui sait d'ailleurs si, entre autres mérites, la statue de *Gattamelata* n'a pas eu celui de servir de conseil ou d'exemple pour le grand travail que, pendant son séjour à Milan, Léonard de Vinci menait de front avec la peinture de la *Cène* ? Le modèle de la statue équestre de *Francisco Sforza*, déjà achevé, et prêt pour la fonte, a été mis en pièces par les soldats de Louis XII. Tout a disparu de cette œuvre que les écrivains contemporains qualifient de « merveille, » et certes ce qu'on sait de l'artiste qui l'avait faite permet de les croire sur parole ; mais si, comme il y a lieu de le supposer, une miniature peinte sur la première page d'un manuscrit de la Bibliothèque impériale à Paris reproduit les apparences générales de la statue modelée par Léonard, on serait autorisé à dire que celui-ci avait préféré les leçons indirectes de Donatello aux enseignements de Verocchio, son propre, maître, et qu'en combinant les lignes du monument dédié à Francesco Sforza, il se souvenait du *Gattamelata* de Padoue plus encore que du *Colleoni* de Venise.

Combien d'autres travaux de sculpture avant ou après la seconde moitié du XVe siècle ne fourniraient pas, soit dans le fond des intentions, soit dans les procédés du style, les preuves de l'influence exercée par Donatello ! Parmi les contemporains ou les héritiers du maître, quel est celui qui semble mettre en question l'excellence de sa méthode, contester aucun des progrès réalisés par lui, aucun des principes qu'il a une fois définis, sauf à en varier l'application avec un tact admirable suivant les caractères de chaque tâche et le genre d'effet qu'il s'agissait de produire ? Ce n'est assurément ni Michelozzo Michelozzi, l'auteur de cette charmante figure digne de Donatello lui-même, — le *Saint Jean-Baptiste enfant*, qui orne la porte d'une maison sur la place du Dôme à Florence, — ni Nanni di Banco, dont Donatello a plus d'une fois retouché les ouvrages, — ni Antonio Filarete, ni les autres sculpteurs appartenant à la même génération. Encore moins l'exception se rencontrera-t-elle parmi les disciples qui, en étudiant sous les yeux du maître, en l'aidant chaque jour dans ses travaux, ont appris à se pénétrer de sa doctrine et à s'approprier, quant à la pratique, une partie de ses secrets. Tous au contraire restent jusqu'à la fin de leur vie fidèles aux traditions qui avaient nourri leur jeunesse, et si les deux plus éminents d'entre eux, Desiderio da Settignano et Verocchio, réussissent parfois à perfectionner les moyens d'expression transmis, si le tombeau de Carlo Marsuppini dans l'église de Santa-Croce à Florence, le tombeau de Pierre et de Jean de Médicis dans la vieille sacristie de Saint-Laurent, enchérissent à quelques égards sur l'élégance des monuments qui leur avaient servi de modèles, toujours est-il qu'ici encore les innovations introduites par Donatello s'accusent clairement et se perpétuent.

Un autre progrès d'un ordre plus matériel, plus strictement technique, résulte des calculs en vertu desquels Donatello soumettait l'exécution de chaque travail non-seulement aux formes données par l'architecture, mais à la distance entre la place qu'occuperait ce travail et celle où se trouverait le spectateur. Avant lui, on l'a vu, les sculpteurs qui opéraient sur les murs mêmes d'un monument n'avaient garde de négliger une condition de succès aussi essentielle, et, pour ne rappeler que cet exemple, les bas-reliefs de la cathédrale d'Orvieto, plus largement traités à mesure qu'ils s'éloignent de la base de l'édifice, prouvent qu'on a spéculé en les faisant sur les phénomènes de l'optique ; mais, soit science incertaine chez les artistes, soit excès de scrupule dans l'exécution, il n'en allait pas ainsi des statues sculptées en dehors des monuments qu'elles devaient décorer. Que les niches qui les attendaient fussent à quelques pieds au-dessus du sol ou dans le voisinage de l'entablement, la manière de procéder ne variait guère. Aussi bon nombre de ces statues, perdues autrefois pour les regards à la hauteur où elles avaient été reléguées, ont-elles reçu dans les musées une hospitalité aussi bien justifiée en apparence que la place faite à tels morceaux de moindres dimensions, à telles figures ayant orné primitivement l'intérieur d'une chapelle ou les appartenons d'un palais.

Les statues monumentales dues au ciseau de Donatello ne sauraient impunément quitter leurs places. C'est précisément parce qu'elles produisent un effet excellent là où nous les voyons, qu'elles nous causeraient ailleurs une impression toute différente. Que de- viendrait, si on la plaçait sur un simple piédestal, cette figure connue sous le nom du *Zuccone (le Chauve)* que Donatello a logée dans une des niches les plus élevées du Campanile de Florence ? Tout ce qui, aperçu à travers l'atmosphère et la distance, n'a qu'un juste relief et une fermeté sans violence prendrait, vu de près, les caractères de l'exagération et du mensonge. Exhaussez au contraire de quelques mètres le *saint George* qui orne un des murs d'Or-san-Michele, les finesses de l'exécution que l'œil apprécie sans effort aujourd'hui disparaîtront ou se changeront en pauvretés, en minuties au moins inutiles, tant dans les deux ouvrages les rapports sont étroits et les proportions rigoureusement observées entre les formes préalables du travail et le milieu qui achèvera d'en préciser ou qui en modifiera l'aspect. Dira-t-on que plus d'un monument grec ou romain atteste des calculs analogues, et qu'en ceci comme en bien d'autres choses l'art florentin ne faisait que profiter ingénieusement des enseignements de l'antiquité ? En tout cas, jusqu'à l'époque de Donatello, la leçon à cet égard n'avait été qu'incomplètement féconde, la persistance de certaines traditions léguées par le moyen âge en avait presque supprimé les souvenirs, et, si simples que nous paraissent aujourd'hui de pareilles coutumes, encore faut-il savoir gré de son discernement et de sa hardiesse à celui qui dans les temps modernes les a le premier remises en honneur.

Il semble au surplus que Donatello lui-même ait attaché une importance particulière aux exemples qu'il venait de donner en ce sens, si l'on en juge par sa prédilection constante pour le *Zuccone*, — celle de toutes ses statues en effet où il a le plus énergiquement accentué la vie et le plus habilement combiné les moyens matériels de la figurer. On sait qu'au moment où les maçons installaient son œuvre sur une des faces du Campanile, il l'interpellait et la sommait de parler. *Favella, favella !* s'écriait-il, comme s'il subissait à son tour l'illusion qu'il avait voulu produire. Plus tard, c'était encore cet ouvrage qu'il invoquait, qu'il prenait à témoin de sa sincérité, là même où ni l'art ni son propre talent ne se trouvaient en cause, et lorsqu'il s'agissait simplement d'une opinion à émettre ou d'un argument familier à présenter : « Par la foi que j'ai dans mon *Zuccone*, » disait fièrement le maître, à bien meilleur droit d'ailleurs que Benvenuto Cellini ne devait jurer dans le siècle suivant « par l'admiration universelle » attachée, selon lui, à son *Persée*. Que l'on ne se hâte pourtant pas de tirer du fait une conclusion défavorable au caractère et aux habitudes morales de Donatello. Jamais au contraire l'orgueil légitime d'un grand artiste ne se compliqua moins que chez lui des arrière-pensées de l'intrigue ou des petitesses de la vanité ; jamais chef d'école ne s'efforça plus naturellement, plus simplement, d'élever jusqu'à lui ses inférieurs, de se préparer des rivaux dans ses élèves, de venir en aide même à ses plus dangereux émules. Veut-on des preuves de ce désintéressement, on les trouvera dans la part anonyme que Donatello prit aux premiers travaux de Ghiberti, et, — abnégation plus difficile peut-être, — dans l'amitié qu'il ne cessa d'avoir pour celui-ci, pour Brunelleschi, pour Michelozzo, après que le succès fut venu récompenser leurs œuvres et détourner sur leurs noms quelque chose de la popularité due au sien.

Quant au désintéressement de Donatello dans les questions d'argent, les témoignages qu'en rapporte Vasari sont tout aussi peu équivoques. Le moyen de soupçonner d'avarice un bomme qui, sans autre coffre-fort qu'un panier suspendu par une corde au plafond de son atelier, y déposait, à mesure qu'il lui venait, le salaire de chaque travail, laissant d'ailleurs à ses aides le soin d'y prendre ce qu'ils jugeraient convenable pour se payer de leurs peines, et à ses amis la liberté d'y puiser en proportion de leurs besoins ou de leurs fantaisies ? Dans sa vieillesse toutefois, Donatello connut un moment les soucis des affaires et les embarras de la propriété. Jean de Médicis, exécutant en cela l'une des dernières volontés de son père, avait fait don au sculpteur d'un petit bien de campagne dont le revenu devait pourvoir aux nécessités de cette vie qui avait pu jusqu'alors s'alimenter tant bien que mal, mais que l'âge et les infirmités menaçaient maintenant de rendre plus difficile. D'abord tout alla au mieux. Donatello, en possession des premiers termes du fermage, trouvait dans sa fortune nouvelle la sécurité du travail ; mais survinrent les orages qui compromirent la récolte, les maladies du bétail et les doléances du fermier : il fallut compter et se réduire pour faire face aux exigences de la situation. Tant de soins dégoûtèrent Donatello de la richesse, et il n'aspira plus qu'à en déposer le fardeau. Une année à peine s'était écoulée depuis le jour où la munificence de Jean de Médicis avait fait de lui un propriétaire, qu'il reportait à son bienfaiteur l'acte de donation, afin de recouvrer le repos, comme à une autre époque il refusait certains habits assez modestes que Côme lui avait envoyés, « de peur, dit un historien [10], de paraître à ses propres yeux délicat et efféminé. »

Nous nous représentons assez malaisément aujourd'hui cette bonhomie dans les mœurs du talent, cette extrême simplicité dans la vie, dont les biographies des artistes florentins au XVe siècle nous ont cependant conservé tant de traits. On ne se figure guère Donatello interrompant l'exécution d'un de ses ouvrages pour aller au marché acheter les provisions dont dépend son dîner, et les rapporter dans un pan de sa robe, sauf à oublier le tout et à perdre contenance, si, chemin faisant, quelque objet d'art vient à s'emparer de son attention : témoin de jour où, en face du *Crucifix* sculpté par son ami Brunelleschi, l'admiration qu'il éprouva mit si bien ses bras en mouvement qu'œufs et fruits roulèrent à terre, et qu'il fallut retourner au marché afin de s'y pourvoir de nouveau. Si Donatello vivait de nos jours, il aurait en nombre suffisant des domestiques qui iraient aux provisions pour lui, il serait membre de toutes les académies de l'Europe, en possession de tous les honneurs. Au fond, y aurait-il là pour lui beaucoup mieux que ce qu'il a obtenu ?

Au milieu de ce peuple républicain de Florence, le plus apte qui fut jamais à comprendre et à honorer l'aristocratie intellectuelle, Donatello n'était, je le veux bien, qu'un ouvrier, et comme tel, il laissait à d'autres le luxe, les superfluités, les aisances mêmes de la vie ; mais cet ouvrier faisait des chefs-d'œuvre. On le savait, on s'empressait dans son atelier, dans sa *boutique*, ou devant les monuments décorés par lui, à mesure qu'il avait donné quelque nouvelle preuve d'un mérite dont chacun s'enorgueillissait comme d'un titre de gloire nationale. Qu'importait dès lors à cet homme en si grand crédit auprès de tous, depuis Côme et les siens jusqu'aux plus humbles artisans, qu'importait à ce maître de l'opinion par son talent ce qui n'aurait fait qu'exhausser en apparence sa situation sans augmenter en réalité son pouvoir ? Lui et ses pareils trouvaient trop bien le compte de leur amour-propre dans la pratique de leur art et dans les jouissances qu'elle leur procurait pour ne pas dédaigner philosophiquement le reste, c'est-à-dire, comme l'a écrit l'un d'entre eux, Ghiberti, « toutes les fausses richesses, toutes celles qu'on ne porte pas en soi. » Et Ghiberti ajoute, avec moins de commisération peut-être pour les erreurs d'autrui que d'estime pour sa propre sagesse : « Ne rien désirer en dehors des biens de l'intelligence, voilà le point capital. Malheureusement la plupart des gens, croyant cela chose légère, regardent comme les mieux avisés ceux qui ont amassé le plus de richesses, et qui travaillent audacieusement à s'enrichir encore… Pour moi, qui n'appartiens pas à l'argent, je me suis donné à l'art, et j'en ai, depuis mon enfance, suivi constamment les préceptes avec une grande application et une entière docilité [11]. » Donatello, que nous sachions, n'a rien écrit de ses théories à ce sujet : elles devaient être toutefois assez semblables aux doctrines professées par Ghiberti, et même, si l'on en juge sur les témoignages de la pratique, elles procédaient plus directement encore d'un fonds de philosophie naïve et de sagesse sans parti-pris. Vasari ne se lasse pas de vanter « la bonté, l'humeur facile et cordiale, la complaisance infatigable » de celui qu'il nous montre « toujours plus occupé de ses amis que de lui-même, » pas plus qu'il ne marchande les éloges aux chefs-d'œuvre successifs de l'artiste et « à sa rarissime habileté, digne de soutenir la comparaison avec la manière accomplie des anciens statuaires de la Grèce et de Rome. »

En nous parlant à son tour du plus grand sculpteur que la renaissance italienne ait produit avant Michel-Ange, M. Perkins n'omet rien de ce qui peut en recommander le talent à notre admiration et la mémoire à nos respects. Les pages dans lesquelles il examine les travaux de Donatello et les causes de l'influence exercée par le maître sur l'art de son temps méritent d'être signalées parmi les meilleures de son livre. N'eussent-elles d'autre résultat que de réduire à leur juste valeur certains reproches dont la critique, en Allemagne d'abord, puis en France et en Angleterre, s'est faite quelquefois l'organe trop complaisant ou l'écho, elles auraient rendu à la cause de la vérité et du goût un véritable service. On n'ignore pas l'espèce de réaction suscitée contre le prétendu paganisme de l'art au XVe siècle par l'enthousiasme, si légitime d'ailleurs, qu'inspirèrent parmi nous les œuvres du siècle précédent. Un peu plus orthodoxes que de raison, des écrivains se rencontrèrent pour proclamer Giotto et ses disciples les seuls apôtres de l'art religieux, pour prononcer, au nom de la foi, la déchéance des autres maîtres, pour reléguer au moins leur génie ou leur talent dans le domaine de la pure habileté pittoresque. Survint à Londres la petite secte *préraphaélite*, qui, sans remonter aussi loin, proposa tout uniment de reprendre les choses au point où elles se trouvaient avant la dernière période de la renaissance, et cela, non par entraînement mystique, mais en vue de restaurer l'imitation du vrai, principe trop méconnu, disait-on, par Raphaël et ses complices. Or, puisque le préraphaélitisme, si avide de leçons naturalistes, se montrait accommodant à l'égard de l'art *quattrocentista*, c'est qu'apparemment il n'y trouvait ou n'y croyait trouver rien que de conforme à ses propres tendances. De ce côté encore il y avait donc, au moins implicitement, une négation de l'élément idéal et religieux dans les œuvres du XVe siècle. Avec un appel de temps en temps aux souvenirs de la réforme tentée par Savonarola, et l'indifférence ou la confiance irréfléchie de bon nombre d'entre nous aidant, les paradoxes émis depuis quelques années ont à peu près fini par faire fortune. Il semble assez généralement convenu aujourd'hui que l'art florentin contemporain des premiers Médicis n'a qu'une signification païenne et un charme tout matériel.

Nous ne prétendons pas qu'au point de vue des inspirations et de l'expression pieuses, tout, dans les sculptures de cette époque, doive être justifié et absous. Sans parler de quelques distractions mythologiques un peu fortes, de quelques fautes évidentes contre les convenances et le bon sens, — comme celle que commettait Antonio Filarete le jour où il représentait sur la porte d'une église les amours de *Léda et de Jupiter*, — il faut bien reconnaître que les progrès dus à une étude plus attentive de la nature ou de l'antique ne se sont pas toujours accomplis à Florence sans dommage pour la sainteté de la pensée, ni même pour la gravité des intentions. On ne saurait demander aux œuvres de la sculpture florentine au XVe siècle ces leçons toutes chrétiennes, ces enseignements au-dessus du fait et comme indépendants de la langue qui les formule, dont le mystique pinceau de Jean de Fiesole répandait le trésor à la même époque sur les panneaux des reliquaires ou sur les murs des couvents. Donatello et ses élèves pourtant prêchent, eux aussi, l'Évangile, il est vrai en prédicateurs fort soucieux du bon choix des termes et des procédés scientifiques, mais en gens pour lesquels l'expression agréable n'est pas tout, et qui ne la veulent si correcte ou si élégante que pour la rendre d'autant plus persuasive. N'y a-t-il donc qu'une manière de comprendre les sujets sacrés, qu'un moyen immuable de les traduire, qu'un ordre de sentiments, d'idées, de règles techniques, pour quiconque entreprendra de représenter une scène évangélique aussi bien que pour ceux à qui l'image est destinée ? L'art chrétien doit-il, comme autrefois l'art égyptien, se condamner au respect farouche de quelques conventions hiératiques, de quelques usages convertis en lois, et parce que Nicolas de Pise et Giotto ont admirablement interprété le dogme catholique dans le sens de la majesté et de la grandeur, interdira-t-on à leurs successeurs le droit d'en définir les autres aspects, d'en révéler les côtés moins inflexiblement sévères ? Ah ! mieux que les arguments et les paroles, vous ferez justice de cette fausse orthodoxie, vous protesterez contre ce rigorisme à courte vue, chastes *anges* que le ciseau de Desiderio ou celui de Rossellino a groupés comme des colombes autour de l'enfant-Dieu ou au-dessus du lit funéraire d'où une âme vient de s'envoler, — *madonne* que Mino da Fiesole nous montre dans le pur et mystérieux éclat de la maternité virginale ou dont Luca della Robbia a fixé sous l'émail le mélancolique sourire, — vous toutes, œuvres charmantes, œuvres pieuses par les séductions mêmes, par la grâce attendrie de vos dehors, et dont l'inspiration ne saurait pas plus être suspecte que l'éloquence exquise qui la traduit !

Qui sait d'ailleurs si, en accusant les caractères profanes de la sculpture florentine au XVe siècle, on ne trahit pas surtout l'insuffisance de l'expérience personnelle et la légèreté d'une opinion trop tôt conçue ? « Un peu de philosophie éloigne de la religion, beaucoup de philosophie y ramène, » a dit Pascal. Toute proportion gardée et sauf quelque modification dans les termes, on pourrait faire une réflexion analogue sur les conséquences contraires produites, en face de certains monuments de l'art, par un examen superficiel ou par une étude approfondie. Combien d'honnêtes gens, en sortant pour la première fois de Saint-Pierre de Rome, sont tentés de s'inscrire en faux contre l'admiration universelle, ou du moins croient nécessaire de déclarer qu'après tout les détails de l'édifice ne sont pas irréprochables et qu'il y a des ornements de mauvais goût ! Les mêmes hommes probablement se scandaliseraient d'abord de l'élégance raffinée que respirent les *tombeaux* sculptés par les élèves ou les imitateurs de Donatello à la Badia ou à Santa-Croce, à San-Miniato-al-Monte ou à San-Romolo de Fiesole, dans tant d'autres églises de Florence ou des villes voisines. Ils ne manqueraient pas de découvrir ce qu'il y a ici de contraire à l'expression du deuil et nous rappelleraient qu'un monument funéraire devant naturellement nous parler de la mort, c'est bien le moins qu'il n'ait pas un air de fête.

Rien de plus attrayant en effet que ces riants tombeaux. Point de ces rudes avertissements qu'adresse ailleurs aux vivants l'effigie sans merci de la mort et de ses œuvres, point de corps déformés par les luttes de l'agonie, ni de squelettes ; nulle trace, dans l'ensemble ou dans les détails, d'une arrière-pensée amère, d'une intention lugubre, on dirait presque d'un regret. Chacun de ces poèmes en marbre semble bien moins une élégie sur la fin d'une existence terrestre qu'un hymne à la miséricorde de Dieu qui l'a renouvelée, pour en éterniser la durée dans la félicité et dans la paix. Marqué du sceau de l'élection et comme vainqueur de la mort dans son immobilité sereine, le cadavre de celui à qui le monument est dédié repose sur un lit dont de riches ornements, des couronnes ou des guirlandes symétriquement suspendues, ont fait un siège triomphal. Dans le fond, les images de la Vierge et de l'enfant Jésus se dessinent au milieu d'un encadrement de fleurs, tandis que des anges à la physionomie fraternelle malgré la variété des types, à la beauté diverse et jumelle à la fois, soulèvent les rideaux de ce lit, livrant passage pour ainsi dire à l'âme qu'ils appellent et qu'ils désignent déjà aux regards du groupe divin. Le reste du monument complète le rapprochement entre cette vie qui vient de se clore et cette autre vie qui commence. Les armoiries du défunt, des inscriptions, rappellent le rang qu'il a tenu et la part qu'il a prise aux affaires humaines : l'agneau, la croix, les pieux symboles font allusion aux promesses évangéliques et à l'éternel repos qu'il a conquis.

Rarement, dans les tombeaux sculptés par les artistes florentins, les éléments de l'ordonnance diffèrent de ceux que résume ce programme. Presque partout les mêmes principes se reproduisent, les mêmes intentions se répètent quant au caractère général et à la signification morale de l'œuvre ; mais que de variantes partielles, quelle abondance, sinon d'invention, au moins de goût dans l'agencement et l'exécution des détails ! Quelle souplesse de sentiment en raison des souvenirs inhérents au nom de chaque personnage, en raison de l'âge, de l'importance sociale, des habitudes privées ou publiques de celui dont il s'agissait de consacrer la mémoire ! Lorsque Desiderio da Settignano et Rossellino érigeaient à la gloire de Carlo Marsuppini et de Leonardo Bruni les tombeaux magnifiques qui ornent l'église de Santa-Croce, ils mettaient leur travail en harmonie avec la renommée de deux érudits dont le front avait été couronné du laurier réservé aux grands poètes. Lorsque Mino da Fiesole sculptait à la Badia, plus de quatre siècles après la construction du couvent, le tombeau de celui qui en avait été le fondateur, de ce comte Ugo dont parle Dante, il entendait, par un mélange d'élégance et de simplicité dans le style, rappeler les souvenirs complexes, indiquer les deux faces d'une existence tour à tour brillante et cachée [12], comme, en regard de ce monument, il ornait avec une égale délicatesse, mais avec plus de sobriété encore, la sépulture d'un grave magistrat, d'un ambassadeur de la république, Bernardo Giugni, mort en 1466. Enfin, si abrégée que doive être ici la nomenclature des chefs-d'œuvre de l'art florentin, comment ne pas citer le monument élevé par Antonio Rossellino dans l'église de San-Miniato à la mémoire d'un jeune cardinal portugais, Jacques, mort avant vingt-six ans, et, nous dit l'épitaphe, « aussi illustre par son origine royale, aussi remarquable par sa beauté qu'exemplaire par la pureté de ses mœurs ? » Où trouver une expression plus doucement éloquente de l'innocence virginale, de la paix de l'âme et du corps, que celle de cette chaste figure livrée à la mort sans combat, dans la première fleur de la grâce et de la jeunesse ? Et comme tout ce qui environne tourne au profit de l'émotion que l'artiste a voulu produire ! comme tout l'accroît, la confirme, l'achève ! Bien que la composition générale ne s'éloigne pas ici des données ordinaires, bien que, suivant la coutume, des anges veillent au chevet du lit et voltigent, sous les rideaux de marbre, autour du médaillon d'où la Vierge et l'enfant Jésus abaissent leurs regards vers le mort, — il y a dans les détails de cette ordonnance connue une finesse et une grâce si particulières, si bien appropriées au sujet, qu'on accueille presque comme une révélation ce qui n'est qu'un spécimen plus concluant des traditions et des qualités communes à toute une école. Ajoutons que les voûtes de la chapelle où s'élève le *tombeau du cardinal de Portugal* sont revêtues de terres émaillées qui méritent d'être comptées parmi les meilleurs ouvrages de Luca della Robbia, et que d'autres ornements de sculpture encore font de cette chapelle un véritable sanctuaire de l'art et du goût florentins dans la seconde moitié du XVe siècle.

Si le nom de Luca della Robbia, que nous venons d'écrire, ne rappelait qu'une innovation industrielle, que la découverte d'un procédé décoratif, il conviendrait aujourd'hui surtout de mesurer strictement l'éloge à l'importance du bienfait. Au milieu des admirations assez voisines de l'engouement et des sympathies plus qu'indulgentes qu'affiche notre temps pour le moindre plat modelé par Bernard Palissy ou pour les pièces de vaisselle dites *faïences de Henri II*, l'opinion qui attribuerait à la fabrication des terres émaillées florentines la valeur d'un événement principal dans l'histoire de l'art rencontrerait peut-être moins de contradicteurs que d'adhérents. Il convient toutefois de reléguer un pareil progrès parmi les faits secondaires pour apprécier dans les travaux de Luca della Robbia des mérites plus considérables, bien qu'avec lui déjà la sculpture entre dans une période où tout commence à incliner vers la décadence, où la grâce du style est bien près de dégénérer en mollesse, et l'étude délicate des choses en pure recherche de l'agrément. On ne saurait d'ailleurs rendre Luca della Robbia responsable des innombrables produits qu'on a mis sous son nom, par cela seul qu'ils continuent, quant aux apparences matérielles, la tradition qu'il avait fondée. Pendant plus de cinquante ans, son neveu, Andréa della Robbia, et les quatre fils de celui-ci exploitèrent avec une telle persévérance les procédés dont Luca leur avait légué le secret que, sur tout le territoire et même au-delà des frontières de la Toscane [13] il n'y eut guère d'église, de palais ou de couvent qui ne possédât quelque morceau sorti de leurs ateliers ou de leurs fabriques. De là tant d'œuvres compromettantes aujourd'hui pour la gloire du chef de l'école, tant de *madonne* doucereuses et de *têtes de chérubins* qui semblent accuser les négligences ou les faiblesses de ce talent, et qui n'attestent que l'infatigable activité de ses copistes.

Les *terres* authentiques de Luca della Robbia unissent à une grâce plus sérieuse dans les intentions une élégance moins prévue dans les formes. Quoique les sujets ne varient guère et que *la Nativité, la Vierge en adoration, le Couronnement de la Vierge*, soient à peu près les seules scènes reproduites, le soin, sinon la sagacité tout à fait magistrale, avec lequel les traits de chaque physionomie, les ajustements de chaque figure sont étudiés et rendus, préserve l'œuvre d'une monotonie que sembleraient impliquer les lignes générales et l'aspect uniforme de ces groupes en émail blanc, se dessinant sur un fond bleu, avec des auréoles de couleur jaune pour simuler l'or. Aussi quelques-unes des *madonne* dues à ce talent judicieux et fin, — celles entre autres qu'on voit au-dessus de l'église d'*Ognissanti* à Florence et dans l'église du monastère *dell' Osservanza*, près de Sienne, — pourraient-elles, pour la grâce du style et la chasteté de l'expression, soutenir la comparaison avec les plus aimables ouvrages des élèves de Donatello. Les *terre invetriate* modelées par Luca sont au reste assez rares, et cela s'explique par le nombre et l'importance des sculptures en bronze et en marbre qu'il a laissées, les bas-reliefs par exemple qui ornent la porte de la sacristie dans la cathédrale de Florence, et ces autres bas-reliefs représentant des chœurs de chanteurs, de danseurs, de joueurs d'instruments, destinés primitivement à la décoration des orgues de la cathédrale et transportés depuis longtemps au musée des Offices.

Certes quiconque a vu les *Chanteurs* à la place qu'ils occupent maintenant se souvient de la spirituelle vraisemblance avec laquelle l'artiste a réussi à figurer l'émission de la voix et la qualité même de chaque organe par la posture plus ou moins souple des personnages, par la contraction inégale des traits, par les mouvements différents des têtes, les unes à demi renversées, comme pour lancer vers le ciel les sons aigus du *soprano*, les autres droites, immobiles, s'aidant en quelque sorte de la ligne verticale pour tirer plus énergiquement de la poitrine les notes profondes qui serviront de basse au concert. On aura admiré aussi l'extrême élégance du dessin, la délicatesse du modelé, un fini dans l'exécution en un mot d'autant plus aisément appréciable que l'examen a lieu face à face ; mais lorsqu'on songe que ces bas-reliefs si précieusement travaillés ont dû être une œuvre monumentale, — que, loin d'apparaître, comme aujourd'hui, à la hauteur de l'œil, ils ont été faits pour une place élevée de vingt ou « trente pieds au-dessus du sol, on sent ce qu'il y a au fond d'un peu grêle dans l'habileté de Luca della Robbia et ce qui manque à cette manière, si séduisante qu'elle soit, du côté de la franchise et de la force. Même en dehors des conditions imposées ici par l'architecture, un certain amoindrissement se trahit dans les tendances et dans les doctrines. Le respect des monuments de l'antiquité et le désir d'en mettre à profit les enseignements subsistent encore, mais le sculpteur des *Chanteurs* s'inspire de ces grands modèles moins pour s'en approprier l'esprit que pour en imiter les surfaces. Ce qu'il demande à l'art grec, ce sont surtout des exemples d'ajustement, des détails de costume, des documents sur la coupe d'une tunique ou d'un manteau. Il y a loin déjà de cette humble méthode aux nobles ambitions, aux procédés savants de Donatello. A quoi bon insister au surplus ? Sans sortir de la salle où sont exposés les bas-reliefs de Luca della Robbia, on pourra juger de la distance qui sépare les talents des deux artistes, puisqu'à côté des marbres sculptés par l'un pour la tribune des orgues de la cathédrale, une frise sculptée par l'autre et ayant décoré jadis une tribune qui s'élevait en face, dans la même église, a été également transportée aux Offices ? Que serait-ce si l'on rapprochait de cette œuvre si fièrement conçue et exécutée, si vraiment monumentale, les travaux appartenant, non plus à l'époque de Luca della Robbia, mais aux dernières années du XVe siècle ! La sculpture florentine alors semble se souvenir de moins en moins des traditions qui l'obligent, ou, s'il lui arrive de continuer en quelque chose le passé, c'est par un retour à des erreurs dont Donatello et son école avaient fait justice, par des tentatives renouvelées de celles qui, à un certain moment, avaient failli tout compromettre. En sculptant sur la chaire de Santa-Croce les cinq sujets en ronde-bosse consacrés à la vie de saint François, Benedetto da Majano faisait preuve d'une habileté remarquable ; mais il tendait à remettre en honneur les dangereux principes adoptés jadis par Ghiberti dans l'exécution des portes du Baptistère, il pratiquait même avec moins de retenue ce système d'usurpation sur les droits et la fonction du pinceau. La voie une fois frayée ou plutôt rouverte, ce fut à qui s'y précipiterait le plus vite et s'y aventurerait le plus loin. Matteo Civitali, Benedetto da Rovezzano, nombre d'autres encore ne songèrent plus qu'à engager avec la peinture une lutte dont aucun d'eux ne devait sortir victorieux, et qui ne pouvait aboutir, malgré tous les efforts, qu'à une dépense inutile d'adresse et aux fatigues sans profit du talent.

Cependant l'incomparable génie de Michel-Ange s'annonçait dans des travaux d'une bien autre audace. La *Pièta*, le *David*, venaient de révéler, en même temps que le plus grand sculpteur dont l'Italie dût se glorifier, une méthode absolument nouvelle, un art sans précédent comme sans rival ; mais lorsque ces prodigieux chefs-d'œuvre parurent, lorsque, trente ans plus tard, cet art si profondément personnel eut achevé de se manifester dans les *tombeaux des Médicis*, ne semblait-il pas que le tout, en vertu de son excellence et de son originalité mêmes, découragerait l'esprit d'imitation ? On sait pourtant si les imitations abondèrent, de quels entraînements fut suivie la révolution opérée par Michel-Ange, et avec quel zèle, tantôt irréfléchi, tantôt pédantesque, l'école tout entière se mit à la poursuite du « grand style. » C'en est fait dès lors, pour l'art florentin, non du talent, non de l'industrie matérielle, mais de l'inspiration sincère, de la bonne foi. On pourra compter encore parmi les sculpteurs nés ou établis à Florence quelques savants, comme Baccio Bandinelli et le Flamand Jean de Bologne, quelques ouvriers adroits comme ce Benvenuto Cellini, qui, entre autres habiletés, a eu celle de se faire passer pour un artiste de premier ordre et de se faufiler, en compagnie des grands maîtres, jusque dans l'admiration confiante de la postérité : on ne trouvera plus, ni pendant ni après le règne de Michel-Ange, un digne successeur, un héritier tout à fait légitime des talents appartenant aux deux périodes antérieures. Peut-être, pour rencontrer ce dernier descendant de la race, faudrait-il arriver jusqu'à notre époque, jusqu'au temps où travaillait un maître dont la *Revue* rappelait, il y a quelques années, les énergiques efforts et les titres [14].

L'histoire de la sculpture en Toscane, c'est-à-dire l'histoire de ses progrès, de son développement continu depuis la réforme entreprise par Nicolas de Pise jusqu'à la mort de Michel-Ange, ne comprend donc en réalité que trois siècles ; encore Michel-Ange en remplit-il un presque tout entier de son importance personnelle et de ses succès, à partir du moment où il sculpte, à quatorze ans, cette *Tête de Faune* qui attire sur lui les faveurs de Laurent, jusqu'à celui où, il succombe à Rome (1489-1564), plein de jours, rassasié de gloire, et n'aspirant plus, comme il l'a dit lui-même dans un de ses derniers *sonnets*, qu'à « atteindre le port commun en vue duquel le cours de la vie, pareil à une mer orageuse, a ballotté sa frêle barque. » Renfermée dans les limites que nous nous sommes tracées, cette histoire n'excède pas une période de deux cent quarante années. Sans doute, en comparaison des faits qui se sont produits ailleurs, la vie de l'art florentin peut paraître courte : la sculpture dans notre pays a, nous le disions en commençant, une tout autre longévité. Le temps et le pays toutefois qu'ont honorés tour à tour Nicolas de Pise et son école, Ghiberti et Donatello, les élèves de celui-ci et les prédécesseurs immédiats de Michel-Ange, se recommandent plus qu'aucun autre pays et qu'aucune autre époque par la valeur des talents qu'ils ont vus naître, par la grandeur des exemples qu'ils nous ont légués. S'il faut reconnaître à la sculpture française le privilège d'une fécondité inépuisable, ce n'est qu'à la condition de saluer, dans les œuvres de la sculpture florentine, avant la fin de la renaissance des prérogatives plus hautes encore et des mérites plus éclatants.

Et maintenant est-ce tout ? avons-nous tout dit ? En résumant, après M. Perkins et avec l'aide de nos propres souvenirs, l'histoire d'un art trop peu connu de beaucoup d'entre nous parce que les spécimens en sont rares en France [15], avons-nous suffisamment indiqué l'intérêt qu'elle offrirait à ceux qui voudraient l'étudier de près, en face des monuments mêmes, et le profit qu'on tirerait d'une pareille étude ? Il nous a fallu, il est vrai, omettre bien des noms, négliger bien des talents secondaires en apparence et cependant dignes d'une place à côté des maîtres, comme ces habiles graveurs en médaille, qui exigeraient un chapitre à part dans un travail complet sur l'art de leur époque. Puisse du moins le peu que nous avons rappelé conseiller un examen plus étendu et plus approfondi ! La sculpture florentine au XIVe et au XVe siècle n'est pas seulement la manifestation la plus franche des inclinations naturelles à un groupe d'esprits d'élite, à quelques hommes privilégiés ; elle n'exprime pas seulement une certaine vérité de circonstance, les mœurs ou les goûts, à un moment donné d'une école, d'une race, d'un pays. N'eût-elle d'autre signification d'ailleurs, elle commanderait encore l'étude et mériterait notre admiration par la netteté de ses aveux en ce sens, par l'insigne précision des formes qui nous les transmettent. Elle nous donne toutefois sur le fond même, sur les principes, sur les moyens de l'art, des renseignements plus généraux et plus utiles. C'est en cela que consistent la vertu intime et l'efficacité de ses exemples ; c'est là, pour ainsi parler, la principale moralité qui en ressort.

A tous les moments de la renaissance, dans tous les travaux qui se succèdent depuis la chaire du Baptistère de Pise jusqu'aux tombeaux de la Badia et de San-Miniato, les sculpteurs toscans se montrent les disciples zélés de l'art antique. Ils travaillent sans relâche à s'en approprier l'éloquente concision, à en emprunter les procédés, à en posséder la grammaire ; mais le désir ou la volonté de l'imitation ne va pas chez eux au-delà de cette ambition scientifique. Les inspirations de la pensée n'en sont pas plus compromises que les droits du vrai ne subissent pour cela quelque atteinte, et, là même où le parti-pris archaïque semble le plus formel, le naturel perce sous ces apparences systématiques, la sève originale et personnelle vient vivifier en la renouvelant cette tradition des anciens âges. L'art florentin accommode à ses inclinations les leçons de l'antiquité. Il les pratique savamment, mais avec une science ingénue, avec une docilité sans danger pour les franchises du génie national ; il garde jusque dans l'érudition ses instincts et ses habitudes, comme, en parlant un idiome étranger, on conserve les tours et l'accent de la langue maternelle. Les artistes modernes malheureusement semblent se défier à l'excès de ces salutaires infidélités à la lettre. Beaucoup d'entre eux oublient trop que la sculpture n'est pas simplement une exilée de la Grèce et de Rome à laquelle il faut rendre, bon gré mal gré, toutes les illusions de la patrie absente, une rareté exotique transplantée dans notre sol, où elle ne pourra vivre que d'une vie factice. Au lieu, de s'évertuer à naturaliser parmi nous les simulacres matériels de l'art païen, à transcrire les formes d'une mythologie muette et à galvaniser ce qui n'est plus, que ne travaillent-ils, comme autrefois les Florentins, à prendre à leur compte ce qui de cet art n'a pas péri et ne saurait périr ? Que ne s'aident-ils de l'antiquité, à l'exemple de l'illustre chef de notre école de peinture, pour achever de comprendre, pour commenter la nature qu'ils ont devant les yeux, et non pour subordonner absolument celle-ci, pour en sacrifier l'étude sincère à la recherche d'une correction banale, d'une beauté sans âme, d'un style de convention et de seconde main ? Si ce retour aux principes qui ont dirigé jadis l'école florentine et plus récemment notre brillante école du XVIe siècle, si ce mouvement deux fois fécond venait à s'opérer de nouveau, tout le monde et toutes choses y gagneraient : le talent, puisqu'il ne se dépenserait plus dans des entreprises en dehors de nos besoins et de nos mœurs, — le public, qui se désaccoutumerait ainsi de ne voir dans la sculpture qu'une formule archéologique, — enfin l'art antique lui-même, parce que, loin de servir de couverture ou de laisser-passer à l'esprit de routine, il reprendrait sur le progrès l'influence généreuse qui lui appartient, et auprès de quiconque aspire à exprimer l'idéal l'autorité sans tyrannie de ses conseils.

Notes

1.   On sait que cette dénomination de quattrocentisti s'applique en Italie aux artistes qui vivaient au XVe siècle, comme celle de trecentisti désigne les artistes du XIVe siècle.

2.   Raphaël et l'Antiquité, par M. A. Gruyer, 1864.

3.   Notons pourtant l'exception singulière que présentent, au milieu des monuments de l'orfèvrerie et de la sculpture antérieurs de quelques années à l'époque de Nicolas de Pise, les pièces de monnaie d'or dites monete augnstati, frappées à Naples et en Sicile à l'effigie de Frédéric II (1231-1236). Ici en effet l'intention de se conformer à la tradition antique est sensible. La couronne

de laurier qui ceint la tête du monarque, le dessin du profil, l'ajustement de la draperie qui couvre les épaules, tout révèle un souvenir assez exact et une étude assez attentive des spécimens de la numismatique romaine au temps des césars. Le mouvement d'idées que ces pièces expriment ne saurait avoir toutefois dans l'histoire du vieil art italien qu'une signification fort circonscrite, et même à Naples que le caractère d'un fait bien passager, puisque tout cesse avec le règne de Frédéric II. Dans le midi de l'Italie, dès la seconde moitié du XIIIe siècle, on était revenu, pour la fabrication des monnaies, au goût et aux coutumes barbares du siècle précédent.

4. Ces bas-reliefs étaient primitivement destinés, dans la même église, à la décoration d'une chaire qui ne fut point terminée, et dont un incendie détruisit en 1596 ce qui avait été édifié.

5. La première pierre de la cathédrale d'Orvieto avait été posée par le pape Nicolas IV le 13 novembre 1299,

6. Des documents récemment découverts et publiés par un érudit des plus sagaces, M. Bonaini, établissent, contrairement à l'opinion accréditée, qu'André de Pise était né à Pontedera.

7. Cicognara constate, d'après un acte du temps, que vers le milieu du XIIIe siècle il y avait à Sienne soixante « maîtres tenant boutique de sculpture, » c'est-à-dire soixante artistes sculpteurs reconnus et patentes.

8. Il suffira de rappeler que les compétiteurs de Ghiberti étaient au nombre de cinq, parmi lesquels un seul, Filippo Brunelleschi, le futur architecte du Dôme de Florence, paraissait aux yeux des juges avoir envoyé un morceau d'essai digne de disputer le prix à l'œuvre de Ghiberti sur le même sujet. L'hésitation durait depuis quelque temps, lorsque Brunelleschi lui-même se mit à plaider avec tant de chaleur la cause de son rival, qu'il finit par triompher de la faveur accordée à son propre travail et par obtenir la sentence qui le condamnait. On aurait bien mauvaise grâce à essayer de diminuer le mérite d'un mouvement aussi généreux ; mais il est vrai de dire que cet acte de désintéressement semble n'avoir été qu'un acte de la plus simple justice, lorsqu'on jette les yeux aujourd'hui sur ces deux morceaux de concours représentant le Sacrifice d'Isaac et conservés l'un et l'autre au. mu-

sée des Offices.

9. Une répétition de cette charmante Sainte Cécile, ou plutôt de ce portrait d'une jeune fille appartenant, dit-on, à la famille Valori, existe à Londres dans la collection de lord Elcho.

10. Vespasiano da Bisticci, Vita di Cosimo il Vecchio.

11. Commentario secondo di Lorenzo Ghiberti, § XV

12. Après avoir gouverné la Toscane au nom de l'empereur Othon II et avec le titre de vice-roi, Ugo abandonna aux pauvres ses immenses richesses et renonça au monda pour se consacrer au service de Dieu.

13. Un des fils d'Andréa, Girolamo della Robbia, vint en France vers 1527 et orna de terres émaillées l'extérieur du château de Madrid dans le bois de Boulogne. Un autre, nommé Luca comme son grand-oncle, fut chargé par Léon X d'exécuter le pavement des Loges au Vatican. C'est avec l'aide de ce même Luca, dit-on, qu'Andréa fit pour la façade de l'hôpital de Pistole cette suite de bas-reliefs polychromes ou plutôt de tableaux sculptés qui représente les Sept Œuvres de la Miséricorde, travail méritoire à n'envisager que les efforts de talent qu'il a coûtés, mais faux dans son principe, désagréable dans ses résultats, puisqu'on prétendant faire la part égale entre la sculpture et la peinture, il n'aboutit qu'à les déposséder l'une et l'autre de leurs exactes ressources, qu'à exprimer une vérité figée, trop loin de la vie encore pour produire une illusion complète, trop près de la réalité cependant pour laisser deviner l'intervention de l'art et la main inspirée d'un artiste.

14. Voyez dans la livraison du 15 septembre 1855 le sculpteur Lorenzo Bartolini.

15. Le musée du Louvre, si incomparablement riche dans les autres séries, ne possède qu'un bien petit nombre de sculptures italiennes du XIVe et du XVe siècle, et cette pénurie est d'autant plus regrettable que, depuis la création du South-Kensington Museum, l'Angleterre a réussi à conquérir beaucoup de précieux morceaux en ce genre. On trouve bien parfois dans nos autres collections publiques quelque monument de l'ancien art florentin, comme la charmante Tête de femme par Mino da Fiesole que possède le département des médailles et antiques à

la Bibliothèque impériale ; mais à Paris les témoignages les plus significatifs sont conservés dans les collections particulières, au premier rang desquelles il faut citer celles de M. Thiers, de M. His de La Salle, de M. Seillière, et surtout la collection formée par M. Timbal avec le goût éclairé d'un artiste et la sollicitude érudite d'un curieux.

www.ingramcontent.com/pod-product-compliance
Lightning Source LLC
Chambersburg PA
CBHW070420230526

45471CB00006B/2907